FASCISMO

Evguiéni B. Pachukanis

FASCISMO

Tradução
Paula Vaz de Almeida

Prefácio
Alysson Leandro Mascaro

© Boitempo, 2020

Direção-geral	Ivana Jinkings
Edição	Pedro Davoglio
Coordenação de produção	Livia Campos
Assistência de produção	Elaine Alves
Assistência editorial	Carolina Hidalgo Castelani
Tradução	Paula Vaz de Almeida
Preparação	Carolina Mercês
Revisão	Fabiana Medina
Diagramação	Antonio Kehl
Capa	Ronaldo Alves
	sobre detalhe de pôster de Sergei Igumnov, 1937

Equipe de apoio Artur Renzo, Débora Rodrigues, Dharla Soares, Elaine Ramos, Frederico Indiani, Heleni Andrade, Higor Alves, Ivam Oliveira, Kim Doria, Luciana Capelli, Marina Valeriano, Marissol Robles, Marlene Baptista, Maurício Barbosa, Raí Alves, Thais Rimkus, Tulio Candiotto

---

CIP-BRASIL. CATALOGAÇÃO NA PUBLICAÇÃO
SINDICATO NACIONAL DOS EDITORES DE LIVROS, RJ

P123f

Pachukanis, Evguiéni Bronislávovitch, 1891-1937
    Fascismo / E. B. Pachukanis ; tradução Paula Vaz de Almeida. - 1. ed. - São Paulo : Boitempo, 2020.
    128 p.

    ISBN 978-65-5717-035-9

    1. Fascismo. 2. Filosofia marxista. 3. Capitalismo. I. Almeida, Paula Vaz de. II. Título.

20-67215   CDD: 320.533
                                                                     CDU: 329.18

Camila Donis Hartmann - Bibliotecária - CRB-7/6472

É vedada a reprodução de qualquer parte deste livro sem a expressa autorização da editora.

1ª edição: novembro de 2020; 1ª reimpressão: abril de 2023

BOITEMPO
Jinkings Editores Associados Ltda.
Rua Pereira Leite, 373
05442-000 São Paulo SP
Tel.: (11) 3875-7250 / 3875-7285
editor@boitempoeditorial.com.br
boitempoeditorial.com.br | blogdaboitempo.com.br
facebook.com/boitempo | twitter.com/editoraboitempo
youtube.com/tvboitempo | instagram.com/boitempo

Sumário

Prefácio – *Alysson Leandro Mascaro* 9

Para uma caracterização da ditadura fascista 25

Fascismo 57

A crise do capitalismo e as teorias fascistas do Estado 63

Como os sociais-fascistas falsificaram os sovietes na Alemanha 89

Índice onomástico 119

Sobre o autor 125

Prefácio

Alysson Leandro Mascaro

Evguiéni Pachukanis escreve, concomitantemente ao desenrolar dos fatos, uma das mais notáveis análises sobre o fascismo: trata-se de uma ímpar e radical leitura materialista. Este livro reúne, pela primeira vez em língua portuguesa, os quatro importantes estudos da lavra pachukaniana sobre o fascismo e seus ambientes e problemas correlatos. Refletindo sobre o quadro político que vinha despontando nas primeiras décadas do século XX, Pachukanis identifica, esquadrinha e sistematiza as causas do fascismo, sua relação com o capitalismo e com as lutas e disputas no plano da economia, da política e das classes. Textos quentes pelo calor do momento e, simultaneamente, sólidos e perenes pelo vigor de seu pensamento.

Os estudos pachukanianos que tratam dos casos italiano e alemão destacam-se pela radical agudeza de uma análise sempre intransigentemente revolucionária. Seus textos não são derrotistas nem acautelados, tampouco favoráveis a concórdias generalistas. Ao mesmo tempo, não são leituras idealistas, olímpicas ou somente de métricas indiferentes à realidade: os três estudos sobre o fascismo e o estudo sobre o caso social-democrata alemão são imersões profundas na história e nos acontecimentos, numa reconstituição minuciosa de dados, pronunciamentos, publicações e análises teóricas terceiras, constituindo uma firme rede factual a partir da qual se levanta também, eventualmente, a mais sólida linha de reflexão já escrita sobre tais elementos.

Pachukanis, embora espectador externo aos fatos – não é nem italiano nem alemão –, está intimamente ligado à circunstância histórica que analisa de modo peculiar. A partir de uma visão soviética, em oposição frontal às derivas alemã e italiana à direita, sua leitura é compromissada com a revolução que deveria ser feita em ambos os países. Inclusive, o caso alemão lhe é extremamente próximo. De início, porque Pachukanis teve grande parte de sua formação teórica na própria Alemanha. Além disso, após a Revolução de 1917, em várias ocasiões assessorou o equivalente a um Ministério das Relações Exteriores russo quanto a questões alemãs – chegou mesmo a trabalhar diretamente como diplomata da Rússia revolucionária em sua relação com Berlim. Ajudou a redigir e participou ativamente da preparação do Tratado de Rapallo, firmado na cidade italiana de mesmo nome em 1922, em que se restabeleciam as relações entre a Rússia e a Alemanha. Seu engenho jurídico foi decisivo para que o virulento combate à experiência soviética recebesse a primeira dissonância, permitindo um suspiro em face do bloqueio internacional contra a Rússia e as repúblicas a ela unidas. O mesmo diagnóstico se aplicava à própria Alemanha, isolada após perder a Primeira Guerra Mundial.

Sobre a relação de Pachukanis com a Alemanha, além de sua participação no Tratado de Rapallo, Luiz Felipe Osório comenta que

> o jurista soviético costurou laços importantes, pessoais e profissionais, com a Alemanha. Em 1910, ele vai de São Petersburgo para Munique (na Ludwig-Maximilians--Universität) para continuar o curso de direito. [...] De 1920 a 1923, Pachukanis trabalhou no Comissariado do Povo para Relações Exteriores, equivalente a um Ministério das Relações Exteriores, como diretor ou chefe do departamento de direito econômico. De 1921 a 1922, ele voltou à Alemanha, para servir em Berlim. É nesse momento que ele se envolve diretamente nos preparativos de Rapallo. Os registros mostram que, em 3 de dezembro de 1921, ele envia um telegrama ao ministro/chanceler Georgy Chicherin para tratar de questões próprias de um encarregado de negócios estrangeiros, indo muito além de uma mera consultoria jurídica. A comissão soviética que iria para Gênova foi designada diretamente por Lênin, dada a importância da missão, e incluía Georgy Chicherin, Maxim Litvinov e Leonid Krasin. A caminho de Gênova, os dois primeiros fizeram uma estratégica parada em Berlim. Então, puderam tratar diretamente com Pachukanis sobre vários assuntos diplomáticos, para além de Rapallo.[1]

Sobre o pano de fundo da análise de Pachukanis acerca dos casos italiano e alemão paira sua *Teoria geral do direito e marxismo*. Se é verdade que seus textos sobre o fascismo têm eixo de gravidade próprio, tratando de uma temática insigne, também é verdade que se desdobram, para essa análise política específica, os horizontes e os compromissos profundos de sua obra teórica mais importante. Em *Teoria geral do direito e marxismo*, brilha, para os campos político e jurídico, a mais rigorosa construção científica do marxismo: a forma mercadoria, átomo da sociabilidade capitalista, tal qual Marx revelara em *O capital*, é a matriz da forma política estatal e da forma da subjetividade jurídica, que dela são umbilicalmente derivadas. Mais do que a questão dos conteúdos normativos ou da ação política, alcança-se a crítica à forma. A forma política e a forma do direito são postas em xeque: está em causa

---

[1] Luiz Felipe Brandão Osório, "Rapallo, uma ponte entre Weimar e Moscou", em Gilberto Bercovici (org.), *Cem anos da Constituição de Weimar (1919-2019)* (São Paulo, Quartier Latin, 2019), p. 632.

a sociabilidade da forma mercadoria. Assim, a extinção do direito e o fenecimento do Estado são índices de um estágio da luta de classes na superação do capitalismo. Não há Estado que possa gestar, mediante o fomento das instituições ou do direito, a chegada ao socialismo. Tampouco se pode pensar que a política seja o que as declarações normativas, principiológicas ou jurídicas anunciem como tal. O fascismo seria então analisado por Pachukanis a partir das contradições da sociabilidade capitalista, sem ilusões quanto a eventuais soluções ou contenções no plano moral, ético, institucional ou jurídico. Nos textos sobre o fascismo, o jurista Pachukanis jamais aponta o direito como solução. A radical crueza com que ele alcança a natureza do direito no capitalismo é a mesma com que analisa os casos concretos das dinâmicas italiana e alemã em suas caminhadas à extrema direita.

Deve-se ressaltar que já em sua obra magna, *Teoria geral do direito e marxismo*, há passagens nas quais Pachukanis reflete diretamente sobre o tempo histórico específico que gestará o fascismo. Assim se lê:

> O capitalismo monopolista cria as premissas perfeitas de outro sistema econômico, em que o movimento da produção e da reprodução social se realiza não por meio de contratos particulares entre unidades econômicas autônomas, mas com a ajuda de uma organização planificada, centralizada. Essa organização é engendrada pelos trustes, pelos cartéis, entre outras associações de caráter monopolista. A ação dessas tendências pôde ser observada no tempo da guerra, com a junção entre o capitalismo privado e as organizações estatais para formar um poderoso sistema de capitalismo de Estado burguês. [...] O significado social dessas doutrinas é de uma apologia ao Estado imperialista moderno e a seus métodos, aos quais ele particularmente recorreu durante a última guerra. [...]
> O Estado como fator de força tanto na política interna quanto na externa foi a correção que a burguesia se viu obrigada a fazer em sua teoria e prática do "Estado de direito". Quanto mais a dominação burguesa for ameaçada, mais comprometedoras se mostrarão essas correções e mais rapidamente o "Estado de direito" se converterá em sombra incorpórea, até que, por fim, o agravamento excepcional da luta de classes force a burguesia a deixar completamente de lado a máscara do Estado de direito e a revelar a essência do poder como a violência organizada de uma classe sobre as outras. [...]
> Vale notar, além disso, que justamente a última década do século XIX e a primeira do XX apresentaram uma visível tendência em toda uma série de países burgueses de reestabelecimento de castigos aterradores, aflitivos e vexatórios. O humanismo da burguesia dá lugar ao apelo à severidade, a uma mais ampla aplicação da pena de morte.[2]

O conjunto de textos de Pachukanis sobre o fascismo sucede a *Teoria geral do direito e marxismo*. O primeiro a ter sido publicado, em 1926, intitulava-se "Para uma caracterização da ditadura fascista". Originalmente, era o relatório de

---

[2] Evguiéni B. Pachukanis, *Teoria geral do direito e marxismo* (São Paulo, Boitempo, 2017), p. 134-5, p. 151 e p. 173.

Pachukanis a respeito do tema que foi lido na Academia Comunista. O segundo foi o verbete "Fascismo", publicado na *Enciclopédia do Estado e do direito*, sob direção de P. Stutchka, em 1927. O terceiro foi o relatório intitulado "A crise do capitalismo e as teorias fascistas de Estado", publicado em *Estado soviético e revolução*, em 1931. O último dos textos chamava-se "Como os sociais-fascistas falsificaram os sovietes na Alemanha", publicado em 1933. Os três primeiros – dois sobre o caso italiano e o outro sobre o caso alemão – são análises que se debruçam sobre os fatos em andamento. O quarto, também sobre a Alemanha, trata de um momento do passado, o fim da Primeira Guerra e a chegada à República de Weimar. Embora se referindo a um momento prévio, tal análise é fundamental para compreender os posteriores impasses das lutas alemãs, já quando Hitler ascendia ao poder.

Dada a extensão temporal da escrita e da publicação de tal conjunto de textos, levanta-se, logo de pronto, a questão de sua congruência com as principais ideias desenvolvidas por Pachukanis em *Teoria geral do direito e marxismo*. Sabe-se que a derradeira reflexão pachukaniana passou por mudanças em relação àquela do tempo em que escreveu sua obra mais importante. Os textos finais do autor, já próximos de 1937, ano de sua morte, revelam grandes distinções em seu pensamento, reinserindo visões tradicionais do direito que anteriormente combatera. Há um debate entre os pesquisadores do pensamento pachukaniano sobre quando se deve considerar seus textos já influenciados e constrangidos pelas posições stalinistas. Alguns costumam apontar apenas o conjunto dos escritos da década de 1930 como patentemente confluente com o stalinismo, enquanto há quem já veja em obras logo subsequentes a *Teoria geral do direito e marxismo* a mudança de pensamento. Márcio Bilharinho Naves, o estudioso mais importante de Pachukanis, afasta o princípio de um corte na obra do autor russo referenciado meramente em uma data precisa. Reconhecendo que há diferenças substanciais entre os textos da última fase e aqueles do tempo do livro central do jurista, Naves assinala, no entanto, uma resistência de Pachukanis em seu processo de autocrítica. Essa problemática retorna, muitas vezes, nos textos da década de 1930, mesmo sob o ajuste forçado às coerções do contexto político. Assim sendo, não se trata de traçar, de modo absoluto, um antes e um depois, mas, sim, de verificar as persistências, retificações e alterações constantes da problemática pachukaniana em seus textos finais. Diz Naves:

> Pachukanis efetivamente modifica e abandona as suas posições. A diferença de nossa análise desse processo autocrítico em relação às outras reside, por um lado, em um novo esforço de leitura do modo pelo qual Pachukanis reorganiza o seu dispositivo teórico, e procura dar conta de suas vacilações e resistências, particularmente em reconhecer a existência de um "direito proletário" ou "socialista". Por outro lado, e em estreito vínculo com a primeira, procuramos pensar a reconstituição do aparato conceitual jurídico nos anos 1930 como a negação das teses originariamente defendidas por Pachukanis.

Podemos dividir esse período em dois momentos. No primeiro, Pachukanis introduz um "desequilíbrio" teórico não desprezível em sua teoria do direito, comprometendo a sua construção teórica, mas ainda conservando – mesmo que em contradição com as novas teses – alguns elementos da concepção original. E um segundo momento – a partir de 1936 –, no qual Pachukanis sustenta uma teoria do direito – e do Estado – em conformidade com a orientação stalinista, claramente demarcada em relação às formulações de *Teoria geral do direito e marxismo*.[3]

Na leitura de Márcio Bilharinho Naves – com a qual concordamos –, as obras de Pachukanis da década de 1930, incluindo as de 1935, já apresentam um "desequilíbrio" que altera suas posições originais, embora haja a tentativa de resguardá-las de algum modo. As obras de 1936 marcam um contraste pleno e uma total submissão ao stalinismo, antes de ser morto em 1937. Tendo tal cenário como guia, o conjunto de textos sobre o fascismo distribui-se em parte por aquela que é sua fase mais pujante e original – a década de 1920 – e, em outra, pelo momento da retificação stalinista, em que ainda buscava sustentar o fundamental de sua análise. De fato, há de se perceber em "A crise do capitalismo e as teorias fascistas de Estado" e "Como os sociais-fascistas falsificaram os sovietes na Alemanha" a presença de alguns traços da posição política oficial do governo soviético: a nomenclatura de "sociais-fascistas" aos sociais-democratas alemães, em especial, revela um jargão de agrado ao stalinismo. No entanto, de modo geral, os textos da década de 1920, e mesmo os da década de 1930, são substancialmente construídos pela problemática, pelo método e pela radicalidade do pensamento principal de Pachukanis.

* * *

O primeiro texto deste livro chama-se "Para uma caracterização da ditadura fascista". Nele, Pachukanis afasta a ideia de que o fascismo seja uma ditadura da pequena burguesia ou dos latifundiários. É, acima de tudo, uma ditadura dos grandes industriais e do capital financeiro. O Estado fascista italiano é o mesmo dos demais Estados do grande capital burguês, como o francês, o inglês e o estadunidense. Daí decorre, logo de pronto, a pergunta central de Pachukanis para fundamentar a caracterização do fascismo, que replica aquela que é a mais importante pergunta de *Teoria geral do direito e marxismo*. Dado que há uma relação entre capitalismo e direito, Pachukanis se indaga, em sua obra máxima, por que é o direito que estrutura especificamente o capital. São clássicas suas palavras:

> Por que a dominação de classe não se apresenta como é, ou seja, a sujeição de uma parte da população à outra, mas assume a forma de uma dominação estatal oficial ou, o que

---

[3] Márcio Bilharinho Naves, *Marxismo e direito: um estudo sobre Pachukanis* (São Paulo, Boitempo, 2000), p. 127.

dá no mesmo, por que o aparelho de coerção estatal não se constitui como aparelho privado da classe dominante, mas se destaca deste, assumindo a forma de um aparelho de poder público impessoal, separado da sociedade?[4]

Em "Para uma caracterização da ditadura fascista", a mesma pergunta se apresenta para entender por que, sendo o Estado burguês, o capital precisa especificamente da ditadura fascista. Levanta-se, logo de início, o problema da forma:

> dizer que a ditadura do fascismo é a ditadura do capital significa dizer muito pouco. É preciso dar uma resposta à pergunta: por que a ditadura do capital se efetua precisamente dessa forma? Não se pode esquecer do pensamento de Hegel sobre a forma ser um ponto essencial do conteúdo. Por isso, temos a obrigação de averiguar o que essa forma particular gerou de novidade, o que ofereceu de novidade, quais suas possibilidades específicas e suas contradições específicas.[5]

Pachukanis se indaga se o fascismo seria uma doutrina intelectual ou filosófica específica. Por fim, afasta essa hipótese, apontando a natureza primitivista das ideias fascistas, cujo caráter é fragmentado, contraditório. Em termos da especificidade de condições para seu surgimento, o autor reconhece que, no caso italiano, o fascismo brotou de condições mais propícias e acalentadas que em outros países: sentimentos de libertação nacional (que puderam beber simbolicamente até mesmo de Garibaldi), o irredentismo, a peculiar figura de Gabriele D'Annunzio, a agitação nacionalista. Nesse contexto, brotam também contradições: a pequena burguesia que dá impulso ao fascismo não é aquela de artesãos e lojistas – que eventualmente poderia ser concorrente do grande capital –, mas, sim, uma pequena burguesia da juventude acadêmica – intelectualidade técnica e servidores públicos, subordinados ao grande capital. Pachukanis aponta, já aqui, o fato de que esse era o mesmo e específico perfil da fração de classes que se envolvia com o hitlerismo na Alemanha.

Tudo isso nos leva a identificar, dentro do contexto geral do capitalismo e de sua sociabilidade, um núcleo próprio do fascismo. Pachukanis dirá que sua característica talvez mais marcante é a organização de massa, disciplinada, ao modo da guerra. Nisso, o fenômeno se diferencia do bonapartismo, que é calcado no Exército. O fascismo é apoiado na organização política de massas, de tal sorte que se alimenta de uma luta e de um conflito constantes entre fascistas e antifascistas. Já no poder, o fascismo atua como um Estado dentro do Estado: não se estabiliza como uma burocracia impessoal, mas como uma organização que dita sua vontade ao governo ou aos órgãos estatais. Por isso, ao contrário da expectativa do grande capital e da burguesia liberal, Mussolini não suprimiu nem dissolveu as milícias fascistas.

---

[4] Evguiéni B. Pachukanis, *Teoria geral do direito e marxismo*, cit., p. 143.
[5] Ver, neste volume, p. 26.

Pachukanis atenta ao fato de que a força dos partidos de esquerda na Itália, nos anos anteriores à ascensão do fascismo, se revelava pelos vários governos municipais que administravam. Também houve muitos sindicatos responsáveis por ações de luta e greves. Contra esse quadro, o fascismo, que era de pequena expressão, em pouco tempo se torna uma força enorme, aglutinando setores do grande capital e dos latifundiários. Quando toma o poder, abandona veleidades revolucionárias e defende abertamente um poder forte e a liberdade de circulação do capital. O movimento operário, perseguido, entra em declínio. O rebaixamento salarial subsequente ensejou um crescimento da produção nos anos seguintes. No entanto, Mussolini não reorganizou a economia em termos de um nacionalismo economicamente soberano; pelo contrário, permitiu uma série de desnacionalizações. A conexão do fascismo com o tradicional nacionalismo italiano resta mais patente apenas no plano internacional, com destaque para seu posicionamento imperialista. Pachukanis ressalta, contudo, que o imperialismo italiano não se faz em oposição ao imperialismo inglês, mas em sintonia com ele. O interesse do capital opera a dinâmica internacional do fascismo.

Em face de todo esse quadro, Pachukanis se pergunta o que seria específico do fenômeno do fascismo, tendo em vista que o golpe francês de 1851 já continha muitas de tais características. Com as próprias palavras, assim dirá: "A diferença é que, ao lado da repressão legalizada, continua a repressão mediante a arbitrariedade"[6]. Pachukanis ressalta, por meio de tabelas publicadas na imprensa, o número de perseguições, prisões, mortes, destruições e condenações empreendidas pelos órgãos oficiais do Estado e pelos bandos fascistas, chegando até mesmo à efetivação de *pogroms*. É verdade que a burguesia, no limite, teme o poder arbitrário do fascismo, mas os benefícios da quebra dos movimentos de trabalhadores fazem-na aceitar um governo subordinado a uma hierarquia dirigida pelo líder fascista.

É com base em tal caracterização que Pachukanis se ocupa em rechaçar a desprezível associação que a burguesia liberal intentava empreender entre fascismo e comunismo. Aqui, brilha sua proposição das formas sociais no campo da política. Não interessa se, no plano dos conteúdos, críticas fascistas lembrem em algo a crítica leninista à democracia burguesa. A questão é de forma: o socialismo se revela como ditadura de classe do proletariado para estabelecer um novo sistema de relações produtivas. A despeito de também ser uma crítica à democracia burguesa, a ditadura de classe fascista é radicalmente distinta, na medida em que é uma tentativa de manter as formas sociais capitalistas, buscando retardar seu definhamento. Assim, não basta a coincidência pontual de alguma crítica para estabelecer uma equivalência. A radical distinção entre fascismo e comunismo está na forma: a ação política

---

[6] Ver, neste volume, p. 48.

revolucionária em vista da superação das formas capitalistas *versus* a ação política reativa que busca salvar essas mesmas formas.

O fascismo deixa patente a clivagem possível do governo do capital: ele se divide e se espraia sempre pelo engano democrático ou pela demagogia fascista, cujo terror busca soldar artificialmente o domínio de classe. Ocorre que a necessidade do fascismo gera também seu custo, dado que seu padrão de luta exacerbada impede a possibilidade de qualquer "normalização". Pachukanis já apontava, na década de 1920, que tal regime de guerra não conseguiria se estabilizar em longo prazo. O texto pachukaniano conclui a análise tratando de tática. O autor reclama a posição de que a solução do fascismo é o socialismo. A queda do capitalismo em geral, mediante a ditadura do proletariado, é o caminho mais desejado para a questão fascista. No entanto, dado que não surgiam forças na Itália para tirar de jogo o fascismo, ele continuaria a existir. Daí, Pachukanis evidencia a necessidade de se buscar o combate ao fascismo mesmo que a classe trabalhadora não esteja madura para realizar a revolução proletária. As contradições internas entre fascistas e antifascistas devem ser exploradas. Tal qual Lênin vislumbrava no caso inglês a possibilidade de uma ação política prática de massas que levasse à majoração dos conflitos e das contradições entre frações da direita, assim também Pachukanis aponta a saída da passividade no caso italiano propondo uma luta antifascista, ainda que a luta proletária pela tomada do poder esteja imatura. Tal passo leninista voltado à ação – passo aberto ao inesperado, mesmo que este pareça pequeno[7] – pode ser o encontro de condições que levem tanto à queda do fascismo quanto à queda do sistema capitalista na Itália.

Em sequência a tal texto pioneiro, "Fascismo" era, originalmente, um verbete escrito por Pachukanis para a *Enciclopédia do Estado e do direito*. Esse empreendimento editorial buscava reunir os melhores e mais canônicos estudos acerca de temas fundamentais da política, das instituições e do direito, avançando o conhecimento soviético e socialista mediante a consolidação de um repertório enciclopédico. Além de outros verbetes que ali escreveu, é da lavra de Pachukanis a entrada sobre o fascismo, na qual analisa suas características e sua contraposição a outras formas de domínio burguês. O autor recorre, em sua reflexão, ao reconhecimento do fascismo como um fenômeno que não se localiza apenas no Estado, mas que avança pelo tecido político e social contra as classes trabalhadoras, servindo de âncora de salvação dos grandes capitalistas. O caso italiano, já desde o início da década de 1920, permite delinear alguns dos quadrantes gerais do fascismo, como a negação da ordem liberal e o corporativismo. Mas, de pronto, afasta a noção de que o conceito de fascismo seja amplo a ponto de se estender a ditaduras que,

---

[7] Remeto às reflexões sobre o aleatório na política desenvolvidas em "Encontro e forma: política e direito", em Alysson Leandro Mascaro e Vittorio Morfino, *Althusser e o materialismo aleatório* (São Paulo, Contracorrente, 2020).

naquele tempo, ainda mantinham como órgãos principais de violência a polícia e o Exército, exemplificados por Hungria, Bulgária, Espanha, Lituânia e Polônia. Pachukanis considera que a Alemanha, ainda quando da escrita desse texto, se diferenciava da Itália na medida em que, no pós-guerra, a burguesia alemã fizera um movimento de buscar salvar suas instituições estatais, enquanto os italianos concentraram o poder político no partido fascista. Com isso, Pachukanis marca uma rigorosa construção de um conceito específico – e não alargado – de fascismo.

O terceiro dos textos aqui publicados, "A crise do capitalismo e as teorias fascistas de Estado", trata de um balanço, escrito já em 1931, da situação do capitalismo mundial e dos casos da Itália e, em especial, da Alemanha. O prisma pelo qual analisa essa dinâmica é o das teorias – principalmente aquelas sobre o Estado e a política – que buscavam explicar o fascismo. Pachukanis critica leituras feitas no seio da União Soviética que identificavam o fascismo a partir do enfraquecimento do Estado e de suas instituições em favor das organizações, associações e milícias armadas fascistas. Isso levaria as lutas antifascistas, na visão do autor, a uma volta à defesa do Estado burguês, sendo que o necessário era justamente tomar o poder estatal para destruí-lo. Em contraste com tais visões, que dissociavam as milícias fascistas das instituições estatais, como se estas estivessem enfraquecidas, o que ocorre com o fascismo na ótica pachukaniana é fundamentalmente uma majoração do poder estatal. Aumentam o aparato de guerra, a repressão e a intimidação, a salvação dos bancos, a dependência da população miserável de assistências estatais mínimas.

A crise capitalista mundial causa fissuras ideológicas que devem ser exploradas. Os manejos repressivos, além daqueles salvacionistas do capital, repercutem nos ânimos das massas. Pachukanis chega inclusive a citar o Brasil em sua avaliação da crise:

> Quando no Brasil jogam-se milhões de quilos de café no mar, [...] quando na América do Sul abandonam-se na terra toda a colheita de batatas, ao mesmo tempo, milhões passam fome – e isso, é claro, não pode deixar de influenciar a psicologia das camadas de trabalhadores mais atrasadas e oprimidas. O capitalismo percebe que, agora, ele se tornou odiado.[8]

A leitura pachukaniana da crise não admite a posição liberal que busca dissociar os sociais-democratas dos fascistas. São duas brigadas que se completam e se continuam. Pachukanis assume a chave de leitura de Stálin, que afirma ser a social-democracia a ala moderada do fascismo, chamando-a, inclusive, pelo termo social-fascismo. Nessa multiplicidade de correntes que confluem na defesa do capitalismo, ao lado das visões fascistas alemãs mais toscas, há aquelas que buscam se escorar em conceitos teóricos reputadamente mais sofisticados. Pachukanis investe, em seu texto, exatamente contra tais correntes e seus ideólogos. A Ordem dos Jovens

---

[8] Ver, neste volume, p. 67.

Alemães (Jungdeutsche Orden ou, ainda, Jungdo), na qual aliás havia muitos juristas e especialistas em questões de direito público e de Estado, é seu alvo prioritário.

Expõe o autor que a referência teórica de tais fascistas que se pretendiam mais bem elaborados, elitistas, era Ferdinand Tönnies. Já desde o fim do século XIX, Tönnies propunha a diferença conceitual entre sociedade (*Gesellschaft*) e comunidade (*Gemeinschaft*): esta última seria resultante de vínculos orgânicos coletivos, enquanto a primeira, advinda de relações artificiais, individualistas. A comunidade se funda nas tradições do passado; a sociedade não guarda esse lastro e se orienta por estratégias futuras, pelo lucro. Nesse par conceitual, permitir-se-ia às posições reacionárias alemãs ditas sofisticadas, que se reputavam herdeiras do verdadeiro espírito prussiano – da caserna –, um mote "contra" a burguesia e seu individualismo. Tal "contra" é, na verdade, "a favor": o mote da comunidade, erigindo-se numa luta por um coletivo inspirado em algum idílico passado comunal, afasta a possibilidade da luta de classes, buscando então amalgamar o todo social a partir de um padrão que impedisse fendas, divisões e conflitos no seio da sociabilidade capitalista.

Gustav Adolf Walz e outros teóricos mais recentes se dedicaram a desenvolver os proveitos desse par conceitual comunidade/sociedade. Pachukanis aponta a ausência de ciência – absurdo puro – em tais leituras, que buscavam refundar a sociedade alemã a partir de pedaços selecionados do feudalismo e da sociedade burguesa, fazendo dessa mistura uma substância apta a servir de princípio orientador da história mundial. Tais leituras identificaram o absolutismo moderno, o fascismo italiano e mesmo a experiência bolchevique como exemplos de subordinações sociais que valorizavam a comunidade contra a sociedade. A diferença da ditadura proletária em relação às demais subordinações seria apenas o detalhe dos objetivos da revolução. Pachukanis acusa o desplante de tal proposição, que, ao tomar a razão da luta proletária como um "detalhe" particular, não merece nem mesmo que se gaste tempo com sua crítica, dada tamanha insanidade científica.

Tais posições falsificam a pretensão fascista de radicalismo e de luta contra a burguesia, a democracia ou o parlamentarismo. Expressões como "Estado burguês", criticado nessas leituras, ou "verdadeira democracia", louvada por elas, revelam que são propostos o mesmo Estado e a mesma democracia, apenas embalados em invólucros de pretensões passadistas. Pachukanis expõe tal giro em falso das declarações fascistas: trata-se apenas de uma movimentação superestrutural, política, do capitalismo em crise e decadência. Uma vez que não consegue resolver suas contradições nos termos liberais, então se maquia ao dar um passo atrás, voltando ao passado, distorcendo-o para fazê-lo substituir o liberalismo já ineficaz.

A maquiagem pretendida pelos teóricos fascistas mais bem assentados é feita, inclusive, de objetivos e estratégias variáveis conforme os ventos, mediante aproveitadores que farejam os melhores agrados ao poder de ocasião. Pachukanis destaca que teóricos como Reinhard Höhn – o qual, anos depois, seria responsável por desgraçar o correligionário Carl Schmitt dentro do próprio círculo nazista – sugerem que a Alemanha deveria superar a democracia burguesa e instaurar um regime estatal orgânico, do tipo de uma comunidade de vizinhos, dado que, por sua condição superior em face dos italianos, não seria compatível com a ditadura de uma personalidade forte. Nas irônicas palavras de Pachukanis, "não contavam com o êxito do Mussolini alemão".

Na base dessas falsificações e maquiagens anticientíficas das teorias fascistas elitistas, está o fato de que não são postas em causa as bases econômicas da sociedade. Pachukanis firmemente expressa que apenas a superestrutura política está em questão no fascismo. O capitalismo e a exploração burguesa permanecem intocados. Só o sistema parlamentar, a democracia, as liberdades e o campo político são postos na berlinda. Nessa mudança, há, sim, algo extremamente real: as alianças militares. De acordo com o pensamento pachukaniano, é aqui que está a novidade da contribuição do fascismo à ditadura burguesa. O capitalismo substitui o velho sistema dos partidos políticos por organizações terroristas do capital, paramilitares e militares.

Pachukanis vigorosamente brilha, em sua análise, quando trata da pretensão dos teóricos fascistas de relacionar algo da política da extrema direita com algo do marxismo. E assim o faz na reflexão sobre dois temas: a propalada similitude na política e a semelhança nos princípios econômicos. No que tange à política, há uma tentativa dos teóricos fascistas de dizer que Marx operaria a mesma crítica à democracia burguesa, faltando a ele a valorização do Estado. Sendo defensores da comunidade advinda das tradições orgânicas e reunida em torno do líder estatal, eles não poderiam se conformar com o apontamento marxiano de que o Estado deve ser combatido. Pachukanis identifica que falsificam Marx ao considerarem que, para os socialistas, a passagem ao socialismo seria algo de imediato, sem a ditadura do proletariado; ao mesmo tempo, revela que os próprios teóricos fascistas não conseguem estabelecer qualquer aproximação mais relevante com os horizontes de longo prazo, tanto assim que se afastam das críticas de Marx, opondo-o a Ferdinand Lassalle – este, sim, segundo Höhn, um defensor do Estado, desejante de um Estado social-popular. Aqui, os fascistas se reconciliam com as velhas teses do socialismo jurídico, contra as quais Friedrich Engels e Karl Kautsky já haviam se levantado em *O socialismo jurídico*[9]. Pachukanis sustenta a propriedade dessa contraposição irreconciliável, exatamente sendo ele o mais importante pensador marxista a tratar do tema da crítica do Estado em *Teoria geral do direito e marxismo*. No que tange à política, conclui o autor: "Os teóricos fascistas e os sociais-democratas se abraçam e voltam os olhos para Lassalle, contrapondo-o a Marx". Pachukanis fica com Marx.

---

[9] Ver Friedrich Engels e Karl Kautsky, *O socialismo jurídico* (trad. Lívia Cotrim e Márcio Bilharinho Naves, São Paulo, Boitempo, 2012).

No que tange à relação econômica entre fascismo e marxismo, há uma diferença de alvo: Pachukanis desfere um golpe fundamental contra a tentativa de estabelecer essa similitude a partir do seio do próprio marxismo, em especial por Nikolai Bukhárin, que pretendeu louvar o bolchevismo pela eficiência econômica similar àquela de uma eventualmente pujante economia fascista. O que haveria de comum em tal pujança seria o capitalismo de Estado. Este, segundo Bukhárin, fora tomado como expressão superior, evolução natural, do capitalismo monopolista. Tratar-se-ia de um avanço nas forças produtivas, sucedendo consecutivamente às fases industrial e monopolista do capitalismo. Tal posicionamento acabaria por enxergar traços positivos no fascismo, se o tomarmos, em termos econômicos, também como um capitalismo dirigido pelo Estado. Pachukanis se insurge contra tal leitura. O capitalismo de Estado é índice da fraqueza, da impotência e das contradições do capitalismo, não de seu incremento ou do aumento olímpico de suas forças produtivas. Daí decorre que essa visão, além de equivocada por enxergar sucesso no fracasso – cujo sintoma é o fascismo –, revela-se também plenamente reformista, não contribuindo para as lutas revolucionárias. A intenção dos teóricos fascistas era exatamente manter sob seu poder, mediante a demagogia ideológica, as camadas intermediárias da sociedade que poderiam conquistar o proletariado. Tudo isso a benefício apenas da rentabilidade capitalista. Para Pachukanis, a luta pelo socialismo, na União Soviética e no Ocidente, tem de passar pela luta ideológica, demonstrando a natureza do fascismo e desmascarando sua ideologia.

O quarto e derradeiro texto desta antologia, "Como os sociais-fascistas falsificaram os sovietes na Alemanha", tem por subtítulo "Sobre as atas do I Congresso Alemão de Deputados Operários e Soldados". Pachukanis investe, com fôlego, na análise de tais atas, que tratam de fatos ocorridos num momento crucial da história alemã e das lutas proletárias internacionais: a virada de 1918 para 1919. Após a derrocada da monarquia alemã com o fim da Primeira Guerra Mundial, explodiram as lutas e as contradições das massas operárias. À esquerda do Sozialdemokratische Partei Deutschlands (SPD) – o Partido Social-Democrata Alemão –, levantaram-se grupos revolucionários como o Espártaco, em cuja liderança estavam Rosa Luxemburgo e Karl Liebknecht. Mas a social-democracia, em vez de avançar na trilha da superação do capitalismo, refreou os ímpetos de luta mais consequentes. Em um processo de debates, disputas, congressos e assembleias, buscou-se administrar – e bloquear – a revolução socialista alemã, o que acabou levando, meses depois, ao surgimento da Constituição de Weimar, inaugurando o período chamado de República de Weimar – de pronto sob domínio do SPD, que, ao cabo, foi destruído pelo nazismo nos anos 1930[10].

---

[10] Desenvolvo reflexões a respeito de tal período em Alysson Leandro Mascaro, "O marxismo e Weimar", em Gilberto Bercovici (org.), *Cem anos da Constituição de Weimar (1919-2019)*, cit., p. 53-82.

O contexto no qual explodem conselhos e sovietes na Alemanha leva, em dezembro de 1918, ao I Congresso Alemão de Deputados Operários e Soldados, em Berlim. O espartaquismo tinha como plataforma "todo poder aos conselhos". Pachukanis analisa como o SPD e as facções a ele aglutinadas traem o movimento de sovietes. Com as próprias palavras, abrindo seu estudo, diz: "[...] a social-democracia falsificou os sovietes e preencheu essa forma de organização das massas revolucionárias com um conteúdo radicalmente hostil a ela, convertendo os sovietes em cúmplice e máscara da contrarrevolução"[11]. Pachukanis é enfático em dizer que a social-democracia – que chamará de social-fascismo – salvou o capitalismo exatamente num momento decisivo da revolução alemã, organizando as forças da reação burguesa e gestando, portanto, o seio no qual triunfaria o nazismo. Bandeiras como a defesa da "pura democracia" (tradicional, sem conselhos) e da paz passam a ser brandidas pelas forças contrarrevolucionárias.

Sendo rigoroso na análise daquele período, Pachukanis também aponta, nas posições à esquerda, erros estruturais. O principal está nas posições luxemburguistas quando assumem orientações antibolcheviques, como a valorização da espontaneidade, a negação do papel organizativo do partido na preparação da insurreição armada e o sectarismo, que se revelava em dísticos como "fora sindicatos". Além disso, Pachukanis investe contra o erro tático fundamental da busca pela conservação da unidade entre espartaquismo e os independentes do SPD. Ao darem as mãos aos kautskistas, aqueles desorientaram a posição das classes trabalhadoras, confundindo-as em razão da concórdia com os opositores e refreando, portanto, o ímpeto revolucionário das massas. O autor é assertivo quando conclui que a Alemanha estava objetivamente madura para a revolução socialista. Não poderia haver outra tarefa a não ser a luta proletária; o momento da luta pela democracia já há bastante tempo havia passado. Somente a revolução era a luta do tempo histórico. O Unabhängige Sozialdemokratische Partei Deutschlands (USPD) – Partido Social-Democrata Independente Alemão –, que traiu os sovietes, era a única organização de massas que aglutinava significativas camadas da classe trabalhadora, dado que o espartaquismo era pequeno. Na hora decisiva da revolução, em um país que só tinha tal tarefa por empreender, o proletariado revolucionário alemão ficou desarmado em termos de liderança e organização partidária. Então, a burguesia nacional e internacional, que já havia aprendido com a experiência da Revolução Russa, agiu de modo impiedoso – "com crueldade calculada", nas palavras de Pachukanis – contra os trabalhadores revolucionários alemães.

Dada a popularidade dos sovietes entre a classe trabalhadora alemã, somente restava às lideranças sociais-democratas falsificarem-nos e se apropriarem de seu discurso. Friedrich Ebert e Philipp Scheidemann sucederam um ao outro no poder

---

[11] Ver, neste volume, p. 89.

com referências elogiosas aos sovietes; o governo Ebert chega mesmo a se declarar uma República socialista. Essa sequência de combates aos conselhos e aos sovietes, permeada por hipócritas declarações de apoio e entusiasmo pela causa revolucionária, agindo em conformidade com a tradição burguesa, faz com que as massas, diante de tal falsidade, prestem mais atenção à agitação espartaquista. Daí deve decorrer, também, o preparo para a repressão ao grupo Espártaco. O próprio I Congresso se desenrola numa sucessão de golpes, bloqueios e injunções que alijam ou desfiguram as lutas mais à esquerda.

Pachukanis percebe que o curso das atas do I Congresso segue na tentativa de louvar os sovietes para "conter os trabalhadores e os soldados revolucionários", mas o poder deveria estar nas mãos de um governo centralizado, pois burguês. Do mesmo padrão do ódio ao espartaquismo e às massas revolucionárias alemãs, está presente nas atas o ódio à Revolução Bolchevique: é reputada frágil, não resistente a futuras investidas de guerra da Entente. Os áulicos de Kautsky e os sociais-democratas que se pretendiam de esquerda chegam mesmo a falsificar leituras de Marx para dizer que a revolução só poderia surgir com uma máquina estatal pronta ou com uma economia desenvolvida, insurgindo-se contra o leninismo. Narrando os horrores do terror revolucionário russo, Scheidemann discursa, numa patente conclamação ao *pogrom*, contra os sovietes.

Por fim, percebe Pachukanis que os próprios representantes espartaquistas e revolucionários socialistas, em seus últimos discursos e protestos, em que pesem a coragem e o tirocínio de muitas de suas posições, também têm grande dificuldade em estabelecer uma leitura rigorosa dos fatos e do marxismo. Fritz Heckert, espartaquista, futuro líder do Kommunistische Partei Deutschlands (KPD) – Partido Comunista Alemão –, e a quem Pachukanis chama de camarada, em vez de denunciar a guerra e a ditadura burguesas, tece considerações laterais sobre as impropriedades da nascente assembleia constituinte em razão do grande papel dos representantes, dado que se esperaria uma assembleia com maior participação direta das massas. Mas, em favor dessa crítica genérica ao modelo de representação política, deixam de ser feitas críticas fundamentais ao domínio burguês daquele momento, tomando como naturalizada a hipótese da assembleia constituinte. Mesmo com todas as traições da esquerda social-democrata, persistem os chamamentos espartaquistas à unidade das esquerdas. O Congresso deixa, por derradeiro, Rudolf Hilferding pronunciar seus estudos científicos sobre quais setores da economia estariam prontos ou não para a socialização. Pachukanis aponta que "foi justamente no relatório de Hilferding que se expressaram as maiores vulgaridades sobre o tema do 'espírito científico marxista', sobre a realização sensata da socialização"[12]. A farsa do I Congresso foi realizada às vésperas dos eventos decisivos de janeiro de 1919.

---

[12] Ver, neste volume, p. 117.

Ato contínuo, a revolução socialista alemã foi dilacerada, e a estrada histórica para o fascismo e o nazismo tornou-se então completamente aberta.

* * *

Os textos de Pachukanis sobre o fascismo são, destacadamente, para alguns de seus ângulos temáticos, a mais importante reflexão marxista sobre o tema. De modo único, o autor alcança, em tal questão, o problema das formas da sociabilidade burguesa – mercadoria, valor, Estado e direito. Sua análise não vai pelo viés politicista – fascismo como falência moral do Estado e da política, a ser resgatado pelas instituições jurídicas e democráticas – nem pelo viés economicista – fascismo como símile do capitalismo tal e qual, sem especificá-lo nesse seio. Somente o ápice da análise científica marxista, a *Teoria geral do direito e marxismo*, permite empreender a melhor aplicação à mais aguda situação histórica daquele tempo, o fascismo. Com Pachukanis, o fascismo se defronta com sua mais plena leitura crítica. A formação social encontra a forma social com a qual será lida.

É tamanho o impacto da análise feita por Pachukanis sobre o fascismo que, em *História do marxismo*, obra organizada por Eric Hobsbawm, Elmar Altvater a considera a melhor leitura realizada pelo marxismo no tempo da Terceira Internacional. Assim diz Altvater:

> O conceito de racionalidade, não só na interpretação da social-democracia de Weimar como também na do marxismo da Terceira Internacional, não permite captar – como dissemos – o problema da forma da sociedade burguesa. [...] Alguns teóricos o haviam intuído de modo impreciso e, em geral, tardiamente, mas muitos – e, além do mais, aqueles politicamente determinantes – tinham perdido de vista esse problema, que se tornara um beco sem saída para o marxismo da Segunda e da Terceira Internacionais. Como isso tenha podido acontecer talvez seja explicado pela análise inteligente e precisa que E. Pachukanis deu para o fascismo italiano, logo depois de sua vitória. Ele se dá conta perfeitamente de que a vitória do fascismo na Itália, por um lado, é a consequência de avaliações erradas, de equívocos e fraquezas do movimento operário, e, por outro, é a resposta dos dominantes a uma determinada situação econômica e política da sociedade italiana: é uma "ditadura da estabilização". Mas a análise que apresenta não se propõe a determinar as causas da derrota do movimento operário e explicar o caráter do fascismo como sistema social da reestruturação burguesa, mas, sim, demonstrar que o fascismo e o bolchevismo são completamente diferentes na dinâmica de seu desenvolvimento, apesar de não se poderem negar certas analogias formais. Seu tema, pois, é a rejeição da acusação de que o "vermelho" e o "negro" se equivalem. [...]
> O fascismo, portanto, surge como expressão da desagregação do domínio burguês e demonstra precisamente que a única via capaz de conduzir ao socialismo é a ditadura do proletariado. Desse modo, o fascismo é expressão de decadência, ao passo que o bolchevismo é organização do novo, do progresso. O problema da reestruturação social

operada pelo fascismo é deslocado em boa medida para o terreno da crítica da ideologia, com o objetivo de fornecer argumentos de agitação e propaganda para aqueles que trabalham para o Partido. A análise do fascismo, tal como realizada por Pachukanis, é precisa, rica de conteúdo empírico; ao contrário, ela perde todo o caráter essencial nas reflexões de outros teóricos da Terceira Internacional.[13]

O mais importante filósofo marxista do direito revela, também em sua análise do mais nocivo fenômeno do capitalismo de seu tempo, o fascismo, o rigor científico e a genialidade de sua reflexão.

---

[13] Elmar Altvater, "O capitalismo se organiza: o debate marxista desde a Guerra Mundial até a crise de 1929", em Eric J. Hobsbawm, *História do marxismo*, v. 8 (Rio de Janeiro, Paz e Terra, 1987), p. 67-9.

Para uma caracterização da ditadura fascista*

I

O quarto aniversário da tomada do poder pelos fascistas na Itália coincidiu com novos choques convulsivos do regime. O agravamento do terror oficial e extraoficial, a introdução da pena de morte, o total estrangulamento de toda a oposição no país, a perseguição exclusiva ao movimento operário e ao partido comunista e, junto a isso, uma perigosa brincadeira com fogo na política externa: tudo isso faz da Itália fascista um dos maiores pontos de ameaça ao sistema europeu de Estados, a partir do ponto de vista capitalista de estabilização. O mais interessante é se debruçar novamente sobre a questão do que representa uma ditadura fascista e qual é o seu conteúdo social objetivo.

É preciso dizer que, nessa avaliação, existia certa obscuridade e uma apresentação incompleta, em especial num primeiro momento, quando o fascismo tinha acabado de surgir na arena política.

> A essência do fascismo é, com frequência, determinada incorretamente, em parte devido à complexidade das condições políticas sob as quais ele nasceu na Itália, em parte devido à confusão de pontos de vista de alguns observadores. O fascismo foi representado como movimento terrorista dirigido por proprietários de terras, ou como um ataque da juventude facilmente instigada por ex-oficiais, ou como um lampejo de desespero de elementos pequeno-burgueses assolados pela guerra, e assim por diante. Cada observador destacou apenas um lado do movimento e o considerou como sendo o principal.[1]

---

* Relatório lido na Academia Comunista em 20 de novembro de 1926. Publicado em E. B. Pachukanis, "К характеристике фашистской диктатуры" [Sobre a caracterização da ditadura fascista], em Вестник Коммунистической академии [Boletim da Academia Comunista], n. 19, 1927, p. 62-91. (N. E.)

[1] L. V., "Фашизм, его история и значение" [Fascismo, sua história e significado], (trad. do inglês. M. Rab., 1925), p. 25.

Entretanto, justamente os traços que, antes de tudo, saltam aos olhos, a saber, os traços pequeno-burgueses, a demagogia antiplutocrática, assim como os discursos em defesa dos grandes proprietários de terra, tudo isso, como se verificou posteriormente, não determina de modo algum o ponto decisivo e fundamental do fascismo. Agora está claro a todos os observadores que a ditadura de Mussolini não é uma ditadura da pequena burguesia nem de grandes proprietários de terra, mas uma ditadura dos grandes industriais e do capital financeiro. Isso confirma de modo bastante claro toda a política econômica do governo fascista. O fascismo, e isso é muito característico, não toma para si a representação e a defesa das utopias reacionárias da pequena burguesia, dos pequenos proprietários – lojistas, artesãos etc. Em sua política, esse ponto não desempenha quase nenhum papel. Entretanto, nas correntes reacionárias do fim do século XIX, digamos, no socialismo cristão austríaco ou no antissemitismo, justamente essa exploração da ilusão dos pequenos proprietários se tornou a base, como se isso pudesse de algum modo lhes dar os meios para se defender da concorrência capitalista.

Dessa maneira, na orientação de sua política, o Estado fascista é o mesmo Estado do grande capital, como são a França, a Inglaterra e os Estados Unidos, e, nesse sentido, Mussolini cumpre a mesma tarefa que estão cumprindo [Raymond] Poincaré, [Stanley] Baldwin e [Calvin] Coolidge. Mas, bem entendido, dizer que a ditadura do fascismo é a ditadura do capital significa dizer muito pouco. É preciso dar uma resposta à pergunta: por que a ditadura do capital se efetua precisamente dessa forma? Não se pode esquecer do pensamento de Hegel sobre a forma ser um ponto essencial do conteúdo. Por isso, temos a obrigação de averiguar o que essa forma particular gerou de novidade, o que ofereceu de novidade, quais suas possibilidades específicas e suas contradições específicas.

Na avaliação do fascismo, em especial no campo burguês, temos duas orientações. Uma orientação vê no fascismo, principal e exclusivamente, um meio para a salvação contra o bolchevismo, contra a revolução comunista. Esse campo, por sua vez, tem uma gama inteira de matizes, que vai desde a admiração ilimitada pelo fascismo até a posição que poderíamos formular assim: "O fascismo é o mal menor, o fascismo, de todo modo, é melhor que o bolchevismo". Finalmente, a ala da extrema esquerda, se podemos assim dizer, tornou-se cética, na pessoa do ex-premiê da Itália, hoje um exilado político, [Francesco Saverio] Nitti, que recentemente publicou o livro *Bolchevismo e fascismo*. Ele está disposto até mesmo a admitir que o bolchevismo é melhor do que o fascismo, porque o primeiro tem algum tipo de ideia, e o fascismo não tem nenhuma. Mas Nitti vê também que o fascismo e o bolchevismo, como fenômenos, são correspondentes em sua gênese. Ambos, pois, derivam das circunstâncias adversas temporárias da guerra, que estimulou o hábito da violência, a tentativa de assegurar para si uma vida fácil etc. Em seu ponto de vista, tanto o fascismo quanto o bolchevismo são enfermidades temporárias, que devem desaparecer progressivamente.

Finalmente, outro campo – dos teóricos burgueses – quer ver no fascismo não algum tipo de fenômeno transitório, não apenas algo relativo, que pode ser tomado *em comparação* ao bolchevismo ou negado junto a ele, mas, pelo contrário, uma filosofia do Estado, um novo tipo de Estado, ao qual está assegurado o mais amplo e longo futuro.

Alguns pesquisadores do fascismo, na tentativa de aprofundar filosoficamente a questão, chegam a considerar o fascismo uma nova era, a qual substituiu a era do Estado liberal que, a seu tempo, substituíra o absolutismo. É preciso dizer que, com essa tentativa, engrandecem o fascismo, aprofundam-no filosoficamente, atribuem-lhe um sentido de "época" ou, em todo caso, um grande sentido histórico, sobretudo ao se referir aos centelhas negras alemães. Contudo, não ficam atrás tanto os clérigos e os monarquistas franceses quanto os búlgaros, do tipo, por exemplo, do acadêmico do direito estatal, conde de Brie, o qual publicou recentemente um livro com prefácio de Mussolini. Nesse livro, a genealogia das ideias fascistas é tomada de Tomás de Aquino, passando por [Joseph-Marie] de Maistre e outros ideólogos da restauração, até os críticos do parlamentarismo, como [León] Duguit e [Moisei] Ostrogórski. Esse público é atraído sobretudo pela combinação do bonapartismo com o legitimismo. As monarquias germânicas e austríacas, evidentemente, são afeitas em particular a essa atualização da ideia monarquista, supostamente efetuada por Mussolini, e ambicionam com fervor que essa atualização chegue à Alemanha e à Áustria. Graças a isso, estão prontos até a perdoar Mussolini pelos agravos que impingiu aos alemães no sul de Tirol[2]. É característico que o discurso de Mussolini tenha sido publicado em língua alemã[3]; além disso, na publicação, um certo Marx H. Meyer, em seu prefácio, afirma que seria absolutamente redundante oferecer ao povo alemão a tradução dos discursos de uns Poincaré, [Woodrow] Wilson e [David] Lloyd George quaisquer, mas Mussolini, embora tenha sido o arauto da guerra contra a Alemanha, merece que seus discursos sejam traduzidos para a língua alemã, pois ele ensinou aos italianos a pensar nacionalmente e nada o impediria de ensinar também aos alemães.

Não se pode, porém, dizer que todas essas tentativas de cobrir a ditadura fascista com o manto filosófico foram especialmente bem-sucedidas. Na verdade, a ideologia fascista se caracteriza pelos seguintes traços não filosóficos: primitivismo, uma variedade de apropriações – daí o caráter de mosaico – e, finalmente, a contradição. Essa contradição é bastante compreensível, já que o fascismo apresentou, desde o momento de seu surgimento até a tomada do poder, uma evolução substancial.

---

[2] Ver J. W. Mannhardt, *Der Faschismus* (Munique, 1925).
[3] Benito Mussolini, *Reden* (org. Max Hermann Meyer, Leipzig, K.F. Koehler, 1925).

É preciso dizer que o próprio Mussolini preferiu falar das doutrinas, dos princípios e dos programas em um tom de alto desprezo. "O programa está do lado da vida. Todos podem se sentar atrás de uma mesa e resolver todos os problemas do conhecimento humano e todos os problemas do universo. Contudo, a questão é quais problemas colocados e quais soluções propostas podem dar um resultado prático, ou, pelo menos, a possibilidade de passar à sua implementação prática." A acentuação da praticidade e do dinamismo, o desprezo pelas doutrinas e pelos princípios é uma linha que perpassa todos os pronunciamentos de Mussolini. Já quando Mussolini sente a necessidade de oferecer alguma fórmula de caráter geral, ele prefere seguir um caminho negativo, definindo o fascismo como "a negação de qualquer doutrina socialista e democrática"[4]. Em seu discurso após o atentado contra Gibson (abril de 1926), Mussolini declara, mais uma vez, que "o fascismo se imbui do espírito destinado a superar e eliminar os princípios imortais do ano de 1789". Mas será que o fascismo oferece alguma concepção nova? Note que a superação e a eliminação dos princípios do ano de 1789, ou seja, os princípios da Revolução Francesa, ocuparam todos os reacionários, começando por De Maistre e [Karl Ludwig von] Haller, entre outros ideólogos da restauração, de modo que a bagagem ideológica do fascismo é, antes de tudo, muito pouco original. Lugar de destaque na ideologia fascista ocupam o poder forte, a disciplina e a ordem. Até a bastante empírica "ordem nas ruas": "Limpeza e ordem nas ruas – será que isso não é um programa?" – exclama um dos líderes do fascismo. Ocorre que teve influência sobre Mussolini, entre outros, o famoso sociólogo Vilfredo Pareto; dele e dos sindicalistas, Mussolini tomou a ideia de aristocracia, de uma "minoria eleita" (elite). Entre outros, o primeiro-ministro da Educação do ministério fascista, professor [Giovanni] Gentile, tendo tomado a sério a tarefa de "seleção aristocrática", introduziu em todas as escolas demandas para aprovação e exames tão difíceis que o resultado foi um enorme número de escolares italianos retidos no segundo ano. Isso despertou, evidentemente, grande insatisfação entre os pais, e Mussolini teve de aproveitar a primeira ocasião adequada para demover o zeloso guia da ideia de seleção aristocrática de uma minoria.

O fascismo faz de bom grado a crítica ao parlamentarismo, mas também aqui não há nenhuma palavra nova que lhe pertença. Sua crítica se destaca apenas por tomar argumentos da direita e da esquerda – tanto de reacionários quanto de sindicalistas. Por fim, incondicionalmente, o lugar central na ideologia do fascismo é ocupado pelo chauvinismo levado ao extremo. E, nesse caso, o fascismo não fulgura com nenhuma originalidade. Pode-se notar, somente, que no fascismo – e isso o distingue um tanto das outras tendências reacionário-nacionais – a tendência antissemita desempenha um papel subordinado, embora deva-se dizer que a

---

[4] Discurso de janeiro de 1923.

Itália, que em geral não conhecia o antissemitismo, trava conhecimento dele ao mesmo tempo em que se dá o surgimento do movimento fascista, pois parte dos fascistas se dedicou, entre outras coisas, também à propaganda das ideias judeofóbicas. Imbuída do chauvinismo e do nacionalismo, a filosofia imperialista da luta se desenvolveu muito tempo antes da entrada em cena do fascismo. Na Itália, a pregação dessa filosofia ficou a cargo dos nacionalistas encabeçados por [Enrico] Corradini, entre outros.

Vemos, dessa maneira, que, no terreno puramente ideológico, o fascismo não deu nada de novo, de original e de acabado. Ele simplesmente usa, para seus próprios fins, diferentes elementos de uma doutrina que, por sua vez, se revelou um produto da decomposição da ideologia democrático-burguesa, a qual, outrora, havia sido coerente.

No entanto, como dito, os próprios fascistas não dão muita importância às doutrinas e aos programas. Convém, portanto, sair de sua teoria e passar à prática. Aqui, encontramos, antes de mais nada, uma exploração notavelmente habilidosa dos sentimentos nacionalistas e chauvinistas. O fascismo logrou levá-los ao mais alto grau de ebulição, até a exaltação histérica. A tarefa do fascismo foi, até certo ponto, facilitada pelo fato de que foi capaz de explorar um estoque das ideias e dos sentimentos de libertação nacional que, na Itália, conservara-se mais que em qualquer outro país. Foi fácil para o fascismo associar sua agitação aos nomes de [Giuseppe] Garibaldi e [Giuseppe] Mazzini e, num primeiro momento, encobrir a essência reacionária do nacionalismo com frases revolucionárias, republicanas e até "socialistas". No que se refere a isso, é interessante a evolução ideológica de Mussolini. No momento em que era um revolucionário radical e tinha lugar na ala esquerda do Partido Socialista Italiano, tratou de combinar o revolucionismo ao sonho de unir Trieste e Trentino à Itália. Mais tarde, no exílio, escreveu uma série de artigos (depois impressos em uma coletânea sob o título *Il Trentino*) e ali traçou a ideia de irredentismo. Os primeiros pronunciamentos de Mussolini como social-patriota no início da guerra – quando girou bruscamente de curso e foi excluído do partido socialista depois de pregar a participação ativa da Itália na guerra – estavam imbuídos do mesmo espírito do irredentismo revolucionário. Mussolini, em todas as suas aparições, destacou que a covarde burguesia italiana não queria a guerra, que a burguesia italiana, que havia supostamente aplaudido a conquista de Trípoli, não queria então guerrear contra a monarquia reacionária das Casas de Habsburgo e Hohenzollern. Resumindo, o imperialismo bélico soube muito bem mascarar essas declarações antigovernamentais e antiburguesas (isso, claro, não impedia Mussolini de publicar seu jornal com os meios da Entente). Além disso, o fato de Mussolini, de todos os renegados e ex-socialistas, representar a figura mais belicosa causa inveja nos centelhas negras internacionais e, em particular, nos alemães. Admira-os a arte com que Mussolini adaptou a fraseologia revolucionária ofensiva às necessidades do chauvinismo reacionário. É característico que Mannhardt, qual citei anteriormente, acredite que a social-democracia alemã não poderia apresentar uma figura assim. Para os monarquistas alemães, a traição dos sociais-democratas à classe trabalhadora não é suficiente. Não estão contentes com [Friedrich] Ebert e Scheidemann, eles sonham com o Mussolini alemão.

O representante mais característico do nacionalismo da Itália, supostamente um revolucionário, e em todo caso, combinado com diversos matizes, é o conhecido poeta [Gabriele] d'Annunzio, o qual, em sua agitação, sem dúvida ajudou muito o fascismo e, em certo grau, abriu caminho para Mussolini. Todos os discursos de d'Annunzio, em particular sua campanha de Fiume e a célebre Constituição ali dada, estão imbuídos do espírito tanto do revolucionarismo quanto do chauvinismo. Na verdade, basta lançar um olhar a essa célebre Constituição da província de Carnaro, composta por D'Annunzio. Ali, encontramos direito ao trabalho, igualdade plena, estabelecimento de salário mínimo e a promulgação do princípio de que a propriedade privada tem uma função social; em resumo, todas as mais recentes conquistas da democracia e do socialismo jurídico, se é possível expressar-nos assim.

Logo a seguir, vemos a introdução da estrutura de guildas ou corporativa. Toda a população se dividia por tipo de produção em dez guildas. Essas guildas contam com um amplo autogoverno e representam a base da organização política. Além disso, é curioso que a última guilda, a décima, é destinada às pessoas que não provêm de nenhuma profissão e devem, segundo o pensamento de D'Annunzio, representar a própria "força mística do progresso e da vanguarda", constituindo os "gênios anônimos e as pessoas futuras" (!).

É preciso dizer que Mussolini é uma pessoa de têmpera bem diferente da do poeta D'Annunzio. Mussolini usou muito bem a aventura da Fiume e a emoção que então se levantou, mas não tomou parte dela, pois calculava seu inevitável fracasso. Aproveitou plenamente a conquista da Fiume para inflamar o chauvinismo, sem se colocar em uma empreitada arriscada e romântica. Isso basta para caracterizá-lo.

O nacionalismo na Itália se valeu amplamente, para sua agitação, do fato de que a Itália, como grande potência de segunda categoria, experimentava certo menosprezo em sua autoestima – não se considerava seriamente a Itália na Conferência de Versalhes, a Itália não obteve Fiume e foi eludida na divisão das colônias. Ao mesmo tempo, o apóstolo do pacifismo burguês, Wilson, investiu de modo brusco justamente contra o governo italiano, acusando-o de aspirações à invasão e de relutância em considerar os princípios da autodeterminação dos povos. Isso criou um solo favorável para a agitação fascista. Os fascistas acusavam os partidários do pacifismo democrático, do tipo de Nitti, de serem, na essência, agentes do capital estrangeiro. "O democratismo" – declara ironicamente um dos publicistas fascistas, editor do *Impero* – "é o luxo a que se podem dar apenas os arquirricos do país. Na França, a bagagem das ideias democráticas serve apenas de ornamento; na prática, um quilômetro quadrado de açúcar vale mais do que a sagrada democracia" [...] "Os italianos" – prossegue ele em seu raciocínio – "enxotam a democracia que não quis a guerra, que a conduziu mal e que não soube colher o fruto da vitória"[5]. Além disso, o fascismo alemão também usou de maneira extensa, em sua agitação na Alemanha contra os sociais-democratas alemães, contra os partidos burgueses democratas e de centro, justamente o fato de que a política de subordinação à paz de Versalhes, a política de implementação do Tratado de Versalhes, constitui uma traição ao povo alemão.

Contudo, em 1919, na Itália, para a agitação nacionalista, as condições estavam pouco favoráveis: a situação econômica depois da guerra era tão difícil, a exasperação das massas e o "cansaço da guerra" eram tão grandes, que o governo italiano tinha dúvidas até mesmo se comemoraria sua vitória como devia. A célebre cerimônia do "sepultamento do soldado anônimo", que, como dizem, foi proposta primeiramente na Itália, foi feita antes em Londres e em Paris; na Itália, teve de ser adiada, e, apenas depois de dissipado o movimento operário, o governo italiano decidiu organizar essa cerimônia. Em resumo, em 1919, quando Mussolini empreendeu a organização de seus "*fasci di combattimento*" (sindicato de soldados do *front*), o fascismo não tinha uma resposta completa, não só das massas, como tampouco dos círculos mais estreitos. Ao redor de Mussolini, agrupavam-se poucos milhares, principalmente jovens da pequena burguesia, em grande parte ex-soldados do *front*. Mas o trabalho que fez com eles permitiu-lhe formar uma célula fascista, bem organizada à maneira da guerra, que, em seguida, na primeira oportunidade de virada dos acontecimentos, imediatamente começou a acumular seguidores. E essas condições favoráveis chegaram tão logo uma mudança no desenvolvimento do movimento proletário ocorreu, quando a incompletude e a indecisão do partido socialista, além da falta de uma liderança revolucionária, levaram à derrota desse movimento.

Antes de entrar nesse ponto, é preciso dizer algumas palavras em relação à formação das primeiras organizações fascistas. Foram, como ora mencionado, os representantes por excelência de camadas da pequena burguesia[6]. Mas essa não era a pequena burguesia do período do desenvolvimento capitalista inicial. Eram, em sua maioria, representantes da camada que cresceu na última década do desenvolvimento capitalista – intelectualidade técnica e servidores. Consequentemente, essa não é a pequena burguesia que vemos nas revoluções do fim do século XVIII e primeira metade do XIX, ou seja, artesãos, lojistas etc. Aqui, temos diante de

---

[5] Muran, "Pourquoi le fascisme italien est antidémocratique", *Nouvelle Revue*, 15 de julho de 1926.
[6] Ibidem, p. 186.

nós outra camada, cuja posição social está ligada ao desenvolvimento técnico e ao progresso capitalista, estando mais apta a desempenhar um papel serviçal em relação ao grande capital. Esse é seu traço característico. A vanguarda dessa camada é a juventude acadêmica. É conhecido que, na Alemanha, a enorme maioria dos estudantes encontra-se sob influência das organizações da mais extrema direita; é característico que, entre os sacrificados do golpe de Hitler, aos quais ele dedica seu livro[7], de uma dúzia e meia de nomes, encontram-se dois ou três comerciantes, um rentista, dois operários e mais estudantes e servidores, incluindo engenheiros. É característico também que Mussolini, na construção de sua organização, tenha destacado, desde o início, a necessidade de criação do assim chamado *"gruppo di competenza"*, ou seja, células que uniriam pessoas com um conhecimento técnico específico. Em geral, essa ênfase na conexão do fascismo com a intelectualidade técnica perpassa os discursos de Mussolini. A esse respeito, não lhe importaria sequer apresentar o caso como se tivesse conseguido, desde o princípio, evitar algum erro que, supostamente, teria sido cometido pelos bolcheviques e que eles, consequentemente, admitiram-no. Em um de seus primeiros discursos perante a Câmara, quando dirigiu-se aos socialistas italianos, ele repreendeu a incompreensão da importância dos especialistas, referindo-se à experiência russa (!) que, supostamente, mostrou que "não se pode colocar à frente do exército um cozinheiro de regimento qualquer, porque, de todo modo, terá de voltar a [Aleksei] Brussílov".

Retornando à questão das raízes do fascismo entre a intelectualidade e, em especial, a juventude estudantil, é preciso ter em vista as condições específicas do período do pós-guerra. Esse ponto fica bastante claro no trabalho de R. Michels, um iniciado do fascismo italiano. Michels[8] destaca que, no momento do término da guerra na Itália, criou-se uma situação, observada também em outros países, a saber, que o proletariado, graças à sua organizatividade, massificação e capacidade de exercer pressão política sobre o governo, defendeu melhor suas demandas econômicas que a intelectualidade média, os servidores. Michels cita dados dos quais se pode depreender que o aumento aos funcionários das estradas de ferro foi de 100% no caso dos altos servidores e de 900% no caso dos baixos. A juventude acadêmica se encontrou numa difícil situação. Voltou do *front* esperando ser recebida de braços abertos, mas, em vez do reconhecimento pelos serviços à pátria, recebeu reprovação nos exames do presente, insegurança econômica quanto ao futuro, uma extraordinária crise de moradia, que chega a impedir que o estudante more na cidade universitária, total incapacidade de ingressar no serviço público, concorrência com o trabalho feminino etc. Não foi melhor a situação dos professores. O mesmo Michels cita as cifras que evidenciam que, se antes da guerra cada docente

---

[7] Adolf Hitler, *Mein Kampf*, v. 1: *Eine Abrechnung* (Munique, Franz Eher, 1926).
[8] R. Michels, "Der Aufstieg des Faschismus in Italien", em *Archiv für Socialwissenschaft*, v. 52, 1925.

podia contar com 250 ouvintes, agora conta apenas com 30, o que significa, evidentemente, uma redução conveniente do honorário. Dessa maneira, detectou-se um aumento brusco na produção de profissionais da intelectualidade, dos quais a Itália sempre careceu. Em 1919-1920, chegou-se a tal ponto que o Conselho Geral da Emigração enviou uma circular a todos os cônsules italianos sugerindo uma pesquisa sobre a possibilidade de fazer emigrar e colocar à disposição, no exterior, acadêmicos e docentes italianos. Conduzir determinada parte da intelectualidade pequeno-burguesa contra o proletariado socialista tornou-se fácil à medida que, aos motivos ideológicos ("patriotismo", luta contra a "tradição da pátria"), uniu-se o que Michels denominou "luta de classes ao contrário", ou seja, o desejo das camadas médias de retornar à antiga e mais segura posição, a superioridade sobre o proletariado. A exasperação da pequena burguesia e da intelectualidade de centro contra os operários constituiu, ainda, a base por meio da qual o fascismo pôde estabelecer sua primeira célula. No futuro, esse movimento deveria inevitavelmente fechar com a ultrarreação, com os proprietários, com grupos monarquistas e com o capital financeiro, formando com este uma frente única.

A próxima característica do fascismo – e, talvez, a mais marcante – é o uso da organização de massa, além da organização disciplinada, construída à maneira da guerra. Aqui, claro, fala-se da influência da guerra; era completamente natural que os antigos combatentes do *front*, na maioria dos casos ex-oficiais, ao se unir para ações políticas conjuntas, devessem assumir a forma da organização militar que lhes era familiar.

Além do mais, sem dúvida, Mussolini aprendeu com a nossa revolução e com a experiência de nosso partido bolchevique. Isso é absolutamente indiscutível. Dos discursos de Mussolini depreende-se que ele segue com bastante atenção tudo o que acontece entre nós e tratou em todos os sentidos de usá-lo a seu favor.

A organização fascista abarca não apenas a população masculina adulta. Presta atenção também nas mulheres e nas novas gerações. De acordo com as últimas informações oficiais, publicadas pelo *bureau* fascista no outono de 1926, pelo quarto aniversário da campanha de Roma, o número de *fasci*, ou uniões, consistia em 9.472, com 938 mil membros; além disso, havia 1.185 *fasci* de mulheres, com 53 mil membros; 4.390 *fasci* de vanguarda (organizações da juventude), com 211 mil membros; e, finalmente, 4.850 organizações infantis (*balilla*), com 269 mil membros.

O ponto característico consiste no fato de que a organização fascista, desde o início, se orienta na luta pelo poder, e ademais na luta por todos os meios, incluindo aqueles que violam diretamente a legalidade existente. É essa atitude direta em relação à tomada do poder de Estado que diferencia nitidamente o movimento fascista das organizações políticas de tipo parlamentar.

E, aqui, Mussolini adota a experiência do bolchevismo. A propósito, em um de seus poucos artigos teóricos, ele mesmo traça um paralelo entre "as experiências bolcheviques e fascistas", em que, supostamente, ambas provariam que "é possível governar o Estado além da doutrina liberal, fora dela e até contra ela". Em resumo, a questão do papel do partido, suas tarefas, a relação do partido com o Estado por um aspecto formal é muito, muito semelhante à colocação dada pelo bolchevismo. Mais adiante, voltaremos a esse paralelo. Por enquanto, é suficiente para nós estabelecer que o regime fascista é um regime de ditadura partidária e, no que se refere a isso, diferencia-se da ditadura puramente militar, de tipo bonapartista, que se apoia em um exército. No uso da organização política de massas está a fonte da força e a fonte da fraqueza de Mussolini. Fonte de força, porque Mussolini tem aqui um ponto de apoio, tem à disposição uma força política na qual se apoiar quando é preciso lutar contra outras forças. Na Itália, tem a monarquia, tem a Igreja católica, tem o Exército, tem o grande capital, que, embora esteja agora entrando em acordo com o fascismo, relaciona-se com ele com uma determinada porção de desconfiança. Mussolini tem a seu dispor uma organização política de massas, a qual, incluindo as camadas pequeno-burguesas e até proletárias, pode balançar. Mas, para tê-la a seu dispor, deve fazer-lhe determinadas concessões demagógicas. Em essência, deve prejudicar a possibilidade de estabelecimento de uma ordem burguesa duradoura, deve continuar e aprofundar a luta entre os fascistas e os elementos antifascistas da burguesia. Não pode deixar de fomentar essa luta. Ele fica na posição de uma pessoa que despertou os espíritos e não pode lidar com eles. Essa foi, entre outras, a imagem usada pelo próprio Mussolini em seu discurso ao Senado após o assassinato de Matteotti.

II

Para explicar um fato histórico concreto – a chegada dos fascistas ao poder, precisamente na Itália e precisamente em 1922 –, é fundamental recorrer à história dos anos do pós-guerra e, em especial, a época de virada que desempenhou um papel decisivo, ou seja, os anos 1920. Por que o fascismo que, em 1919, era um grupelho absolutamente insignificante, em 1921 cresce a ponto de se tornar uma força política séria? Isso se pode explicar apenas analisando o desenvolvimento e o fracasso do movimento operário revolucionário na Itália nesse período.

A Itália, em 1920, estava muito mais próxima de seu Outubro do que se pode pensar. Ao examinar de maneira detalhada o que aconteceu na Itália em 1920, vemos um quadro que lembra muito a nossa *kerenschina**. Como é conhecido por

---

* Termo originado no período da Revolução Russa de 1917, relativo à política levada a cabo por Aleksandr Kiérenski à frente do governo provisório. Passou a ser empregado para fazer referência à política de poder da pequena burguesia revolucionária, que trai os interesses dos trabalhadores, do proletariado, e encobre seu acordo com a grande burguesia por meio de frases altissonantes. (N. T.)

todos, em setembro de 1920, teve início, no norte da Itália, uma grandiosa greve de trabalhadores metalúrgicos que resultou na tomada das fábricas pelos operários e, logo em seguida, desenvolveu-se em um tipo de acontecimento ao qual não se pode dar outro nome exceto limiar de guerra civil, pois os operários não apenas tomaram as fábricas em suas mãos, mas eles se armaram, formaram destacamentos organizados, converteram a fábrica em fortaleza e, de fato, tomaram o poder, pelo menos em algumas áreas. Mas esse movimento não caracteriza apenas uma luta intensa na Itália; é preciso acrescentar aqui, ainda, o que aconteceu nas comunas rurais, ou seja, o movimento revolucionário que abarcou tanto os trabalhadores rurais quanto os pequenos arrendatários e o campesinato. Finalmente, é preciso acrescentar, ainda, o fato de que uma série de municipalidades foi ocupada por socialistas: Bolonha, Florença, Mântua, Milão, Ferrara – todos esses grandes centros do Norte da Itália, naquele momento, estavam nas mãos dos socialistas. Essa circunstância – que, por si só, não é nova, pois tivemos municipalidades socialistas antes – adquiriu, num dado momento, um caráter absolutamente particular. Trata-se do fato de que essas municipalidades realmente estabeleceram, ou tentaram estabelecer, uma ditadura sobre uma determinada cidade, uma determinada região: tinham a seu dispor destacamentos armados, faziam requisições, distribuíam alimentos, controlavam a circulação de automóveis e nas estradas de ferro. Em alguns lugares, a situação lembrava muito, muito, aquela nossa em 1917, quando, em algumas cidades que ainda estavam sob Kiérenski, os sovietes dispunham da quase completude do poder em, digamos, Tsarítsin* e Kronstadt.

Um dos historiadores italianos, [Luigi] Villari, em seu livro *O despertar da Itália*, descreve com bastantes detalhes todas essas "terríveis ditaduras socialistas e comunistas", que procedem à requisição de estoques e de meios de transporte, ao estabelecimento de preços máximos e de normas de abastecimento de classe, à criação de destacamentos armados etc. Gênova, por exemplo, um dos principais portos da Itália, caiu nas mãos da União dos Marinheiros e Trabalhadores das Docas, e todo o trabalho produtivo do porto – e, consequentemente, todo o comércio marinho da Itália – ficou sob controle das organizações operárias; nenhum barco a vapor poderia zarpar do porto sem seu conhecimento e sua autorização. Em particular, a União dos Marinheiros deteve o barco a vapor carregando armas que se dirigia contra a Rússia Soviética. A situação geral da coisa é caracterizada de maneira muito vívida por um dito que circulava então na Itália. Em relação à luta que o governo italiano conduziu para obter a Fiume dos aliados, afirmava-se, não sem ingenuidade, que "se a Itália, talvez, obtiver a Fiume, então ela já terá perdido Bolonha". Está claro que, em tal situação, a burguesia industrial está pronta para fazer um acordo com qualquer um que lhe convenha, apenas para estabelecer a "ordem". O governo foi

---

* Hoje Volgogrado. (N. T.)

absolutamente impotente em fazê-lo; não podia dispor de sua força militar e não podia enviar essa força militar pelas estradas de ferro, pois qualquer movimentação sempre provocava greves imediatamente. Quando, em 1920, as tropas italianas, ao ocuparem Vlorë, tiveram de aumentar a tensão devido à revolta dos albaneses e pediram o envio de reforços, o governo respondeu que não poderia fazê-lo, pois uma tentativa de enviar tropas despertaria uma greve geral. Os trabalhadores das estradas de ferro tanto aterrorizavam o governo que o primeiro-ministro Nitti, tendo de atender à Conferência de San Remo, decidiu não ir pela estrada de ferro e foi para lá secretamente em um barco torpedeiro. O mesmo Nitti emitiu uma ordem recomendando que os oficiais andassem pelas ruas à paisana. O desespero da parte burguesa da sociedade e a firme sede de poder foram postas em bastante relevo pelo conhecido historiador [Guglielmo] Ferrero, que exclamou, em um dos seus artigos: "Nós temos rei, Parlamento, administração, general, almirante, funcionários, prefeitos, júris, agentes; temos Exército, gendarme e guarda; temos leis que impõem sansões tão rigorosas aos delitos que, em outros tempos, assustariam qualquer um; temos um tesouro com milhões – e, dispondo de todos esses recursos, será que não encontraremos, no momento de maior perigo, as poucas pessoas capazes de estabelecer um governo com o poder de obrigar a obedecer duas ordens: não se deve matar, não se deve roubar!"[9]. A burguesia, mesmo a mais liberal, está pronta para fechar um acordo com qualquer um que lhe convenha, com qualquer *condotiero**, bastando que seja capaz de salvar sua sagrada propriedade. O fascismo entra em cena no papel desse salvador. É preciso dizer que, no momento da tomada das fábricas pelos operários, os fascistas ainda não se opunham ativamente contra os operários; pelo contrário, naquele momento, Mussolini até expressou algo como uma simpatia por esse movimento[10].

Precisamente naquele momento, sua reflexão era que o mais importante seria o aumento da produção e que, se os sindicatos o garantissem, ele, Mussolini, não tardaria em aceitar que tivessem o direito de ocupar o lugar dos empresários. Na prática, os fascistas mantinham-se neutros. Contudo, as massas pequeno-burguesas do fascismo estavam, evidentemente, alinhadas contra os operários e prontas para iniciar uma luta contra eles. A arena das lutas era, antes de mais nada, as municipalidades socialistas. Os fascistas dirigiram seus golpes tanto contra as municipalidades socialistas quanto contra as organizações operárias que as apoiavam. Isso ocasionou um aumento imediato da afluência de fundos aos caixas das

---

[9] Guglielmo Ferrero, *Four Years of Fascism* (Londres, P. S. King & Son, 1924), p. 60.

* No original, em italiano transliterado ao russo: mercenário que controlava uma milícia sobre a qual tinha comando ilimitado e estabelecia contratos com qualquer Estado interessado em seus serviços. (N. T.)

[10] Ver Odon Por, *Fascism* (Londres, The Labour Publishing Company, 1923), p. 41.

organizações fascistas. A burguesia viu nos fascistas não apenas os salvadores da iminente revolução, mas também as pessoas em que podiam se apoiar nas lutas puramente locais contra as municipalidades socialistas que atentavam contra o direito sagrado à propriedade. O fato é que os socialistas, ao obterem a maioria, introduziram uma carga pesada de capital, organizaram obras públicas, prestaram auxílio aos desempregados e assim por diante. A história característica se desenrolou em Milão, onde, no centro da luta, estava o banco municipal, que deveria passar para as mãos da maioria socialista do Conselho Municipal. Temendo que os recursos do banco fossem utilizados para apoiar as cooperativas socialistas e outras organizações operárias, a burguesia subiu o tom e pediu ajuda aos fascistas, que tomaram o Palácio Marino (a Câmara Municipal). A intervenção dos fascistas deu ao governo o pretexto para dissolver o conselho da municipalidade, e, dessa maneira, o banco foi "salvo". Por meio de verdadeiras ações de guerra, os fascistas conseguiram derrotar as "municipalidades vermelhas" na primavera de 1921. Ao tomar a cidade e ao desenvolver ainda mais seus êxitos, graças à sua organização e ao fato de que o lado oposto não estava suficientemente organizado e não podia se contrapor a uma resistência *militar* tão decidida, os fascistas logo estenderam suas expedições punitivas ao meio rural, atuando como defensores dos latifundiários. Mussolini, com isso, usou a contradição existente entre os trabalhadores agropecuários, de um lado, e os arrendatários e os camponeses médios, de outro. Essa tática foi facilitada pelo fato de que o Partido Socialista Italiano não foi capaz de compreender o estado de ânimo dos pequenos proprietários camponeses, um estado de ânimo que capturou parte dos trabalhadores agropecuários. Utilizando-se desses estados de ânimo, os fascistas souberam produzir uma divisão entre a parte consciente dos lavradores socialistas e o restante da massa e, com a ajuda dos filhos dos proprietários, de fazendeiros e do grande campesinato, organizaram batalhões que começaram a atacar os sindicatos vermelhos. Dessa maneira, estabelece-se um laço estreito entre os fascistas, por um lado, e o grande capital e os latifundiários, de outro[11]. Iniciam-se o fluxo de recursos, o fornecimento de armas e meios de transporte (caminhões). O fascismo, de repente, torna-se uma força enorme. Se, em maio de

---

[11] Sobre a base social do fascismo nos meios rurais, ver artigo de [Egidio] Gennari na *Internacional Comunista*, n. 9, 1925. Entre outras coisas, ao tocar no nervo da propriedade do campesinato, os fascistas nada fizeram de real no sentido de doação de terras aos camponeses. O pesquisador alemão Mannhardt chega à conclusão de que os camponeses ficaram satisfeitos com suas promessas, pois Mussolini não pensou em dar início à reforma agrária (Mannhardt, *Der Faschismus* [Berlim, 1925], p. 188). O teórico fascista [Pietro] Gorgolini, ao refletir demasiadamente sobre o prejuízo dos latifúndios e sobre as propriedades dos médios proprietários, chega, no fim das contas, à conclusão de que, para o desenvolvimento desse médio proprietário, bastaria o desejo interior dos trabalhadores de dobrar suas economias, visando assegurar a propriedade legal da terra (Gorgolini, *Il Fascismo*, tradução francesa, p. 70).

1920, pelos cálculos dos próprios fascistas, havia 100 grupos e 30 mil membros, em dezembro do mesmo ano contavam-se já 8 mil *fasci* (grupos locais) e 150 mil membros. Nesse momento, os fascistas começam não apenas a investir contra as cooperativas socialistas e transformá-las em *suas próprias cooperativas fascistas*, não apenas investem contra as organizações operárias, mas ainda criam *seus próprios sindicatos nacionais*. É interessante que essa ideia, de cuja base derivou o movimento, advém, no fim das contas, do mesmo acervo do reformismo. Mussolini cita com grande simpatia o reformista francês [Alphonse] Merrheim, que apresentou a ideia de que, no período de devastação do pós-guerra, o operário não tinha de pensar na distribuição, mas devia preocupar-se apenas com o aumento da produção. Disso, por sua vez, conclui que a luta de classes contra os capitalistas era sem sentido e que seria possível conciliar os interesses dos proprietários e dos operários sobre as bases comuns das tarefas nacionais.

Em 1921, o fascismo já começa a se livrar de seu invólucro antiplutocrático e revolucionário. Propõe abertamente o programa de um poder forte e, ao mesmo tempo, liberdade de circulação para o capital. O programa fascista de 1921 coloca ênfase no definhamento do monopólio estatal, na previsão de condições mais favoráveis para a acumulação capitalista: o Estado deve ser reduzido a suas funções essenciais; a atividade dos cidadãos, como produtores, deve estar submetida à competência de conselhos técnicos. Em seu primeiro discurso parlamentar (21 de junho de 1921), Mussolini pronuncia a seguinte apologia ao capitalismo: "Com base na novíssima literatura socialista, a qual não se pode contornar, declaramos que a história real do capitalismo está apenas começando, que capitalismo não é só um sistema de opressão, mas ele representa a seleção dos mais valiosos, a igualdade entre os mais capazes e o sentimento desenvolvido de responsabilidade individual"[12].

É interessante submeter essas palavras à comparação com o programa *dos fascistas publicado em março de 1919*: inclui uma jornada de oito horas de trabalho, lei do salário mínimo, seguridade social, aumento pesado de impostos diretos, confisco dos bens da Igreja, confisco de 85% dos lucros de guerra e pesada taxação sobre o capital.

Imediatamente antes da tomada do poder, Mussolini renuncia a suas crenças republicanas e anticlericais. Dá um passo no sentido da reconciliação com o trono e o altar. É preciso dizer que, ainda em 1921, sua declaração de que o fascismo, em essência, é uma tendência republicana não encontra simpatias nem nas fileiras dos próprios fascistas. Em seu discurso em Udine de 20 de setembro de 1922, Mussolini já fala outra língua: "Devemos ter a coragem de ser monarquistas. Por que éramos republicanos? Porque víamos um monarca que não era monarca o bastante. O monarca representa a continuidade histórica da nação. Uma tarefa

---

[12] Benito Mussolini, *Reden*, cit., p. 96.

brilhante de importância incomensurável". Antes da marcha em Roma, os membros do quarteto fascista encarregados de dirigir a operação dão garantias de seu pleno respeito pela Igreja católica.

Ainda relativamente distante do golpe, o fascismo começa a atuar como um Estado dentro do Estado. A organização fascista dita sua vontade ao governo ou simplesmente ocupa lugares nos órgãos estatais. O movimento operário, desorganizado pela traição dos reformistas e pelas meias-táticas dos líderes centristas, entra em declínio. O ponto da virada é o outono de 1920, quando, graças à intervenção dos líderes reformistas da Confederação do Trabalho, foi frustrado o movimento de tomada das fábricas. É muito importante notar que o Partido Comunista se diferenciou como uma organização independente apenas em 1921, ou seja, já depois da fratura do movimento operário. As tentativas de greves defensivas contra o crescimento da influência do fascismo são malsucedidas. A greve geral fracassa. Especialmente malsucedida foi a greve geral de agosto de 1922, que as organizações fascistas, com a ajuda do terror e de fura-greves, romperam num prazo muito curto. Na época dessa paralisação, os fascistas declararam que davam ao governo um prazo de 48 horas e, se no decorrer desse tempo eles não vencessem a greve, então seriam obrigados a atuar de maneira independente, interromper a paralisação com as próprias forças. Foram esses mesmos métodos que os fascistas empregaram na derrota dos órgãos locais de autogestão em Tirol do Sul. Essa atuação precedeu imediatamente a marcha em Roma e foi como um ensaio dela. Ao chegar, agora, ao momento da tomada do poder pelos fascistas, devemos, antes de tudo, constatar que o ponto de ascensão da onda revolucionária já havia passado, a situação revolucionária imediata, que era evidente em 1920, já estava ausente no outono de 1922. Pergunta-se então: se a sociedade burguesa não estava ameaçada por um perigo direto, por que, ainda assim, foi estabelecida uma ditadura fascista?

Os adversários burgueses do fascismo lutam com todas as forças para provar que a tomada do poder pelos fascistas no outono de 1922 não pode ser justificada do ponto de vista da "salvação da Itália do bolchevismo". Talvez nesse ponto eles estejam certos, pois sem uma ditadura, por meio dos métodos do parlamentarismo, a burguesia da Itália não poderia se sustentar – isso é absolutamente indiscutível. A ditadura foi necessária porque o governo parlamentar foi absolutamente incapaz de conduzir as medidas indispensáveis, necessárias para equilibrar o orçamento, eliminar o déficit, desenvolver a economia, fortalecer o debilitado aparelho de Estado; em resumo, para todas aquelas medidas financeiras e administrativas emergenciais que constituem as condições da estabilização capitalista e para as quais, como vemos em muitos outros países (Alemanha, França, Polônia etc.), os governos dão poderes emergenciais. Uma Câmara na qual não havia maioria determinada, na qual havia uma grande fração dos socialistas, um não menos numeroso partido pequeno-burguês de católicos, o *"populari"**, mais os grupos fragmentados dos liberais, não poderia dar em uma tal combinação em que se pudesse apoiar em todos esses eventos. Os gabinetes parlamentares foram desacreditados, identificaram-se sua completa inutilidade e a incapacidade para levar a cabo qualquer tipo de programa. Por isso, a burguesia requer a ditadura; sobre ditadura fala-se em determinados grupos, e um autor inglês insinuou diretamente que, falando a verdade, Mussolini não seria em absoluto a pessoa destinada a esse posto: estariam em foco outros candidatos, como D'Annunzio, seguido do general Peppino Garibaldi. Contudo, essas candidaturas caíram porque as pessoas nomeadas declinaram dessa honra, e o fascismo ficou evidente, o ditador ficou evidente e deu passos decididos para a tomada do poder. Por isso foi necessário, como diz o autor inglês supracitado, concordar com o fato de que "o último ato saiu um tanto do roteiro"[13]. A própria marcha de Roma foi uma sólida metáfora.

Embora na proclamação feita nessa ocasião os fascistas tenham escrito que "é preciso, à maneira romana, imprimir todas as forças espirituais e físicas", na realidade, não havia com que se tensionarem, pois nenhuma oposição séria os esperava: o Partido Socialista não representava nenhuma oposição, e o Partido Comunista era fraco para conduzir a classe operária a uma resistência ativa. No que se refere ao Exército, não se supunha que lutariam contra ela. A marcha de Roma foi organizada em acordo com os líderes dos partidos nacionalistas (representantes dos grandes proprietários e dos bancos), com o rei e com o alto-comando militar. Todos, portanto, tiveram acordo prévio. No que se refere ao Parlamento, esse, claro, também não pôde representar qualquer resistência. Os liberais rapidamente tomaram parte no golpe, com o consolo de que, apesar de Mussolini ter entrado no poder de maneira um tanto quanto não convencional, ele representa a contemporaneidade e, no fim das contas, voltará gradativamente aos métodos constitucionais. Mussolini, na verdade, decidiu, num primeiro momento, não tocar no Parlamento, "deixar esse brinquedo para o povo", como ele se expressou em um de seus discursos. É verdade que sua relação desdenhosa com a Câmara ele assinalara já em seu primeiro pronunciamento, mas não lhe passava pela cabeça dissolver o Parlamento – de tanto que ele o preocupava. Os poderes emergenciais exigidos por Mussolini foram dados pelo Parlamento de modo inquestionável, depois do que ele foi dissolvido para recesso prolongado[14]. A propósito, para a formação do primeiro ministério fascista, Mussolini recrutou representantes de todos os partidos

---

* Referência ao Partido Italiano Popular. (N. T.)
[13] Ver James Murphy, "The Parable of Fascism", em *Fortnightly Review*, Londres.
[14] Em 1924, Mussolini conduziu uma votação para uma nova lei que fixava de antemão dois terços das cadeiras de deputados aos fascistas. Em novembro de 1926, todos os grupos não fascistas foram excluídos da Câmara, e a própria Câmara foi dissolvida por tempo indeterminado.

burgueses. Além disso, deu a garantia de que a Constituição liberal não seria extinta e assegurou liberdade de imprensa. Naquele período, destacou reiteradamente que já que o fascismo se tornara Estado, todas as atuações ilegais das organizações fascistas deveriam ser encerradas e os responsáveis seriam processados. É verdade que, em uma questão, Mussolini não justificou as esperanças daqueles que torciam que a entrada no poder o obrigaria a voltar à normalidade, ou seja, aos métodos de violência de classe mais ou menos mascarados: ele não suprimiu nem dissolveu as milícias fascistas. Isso foi o que mais chocou a todos, inclusive os liberais de direita, mas é claro que, ao dissolver essas forças armadas, ele estaria cometendo um suicídio. Por isso, pôs-se a buscar um compromisso que reduzisse a milícia partidária, ainda que na aparência, a um órgão de Estado, permanecendo na essência uma força à disposição exclusiva do fascismo. O decreto de 23 de janeiro de 1921 tornou a milícia uma instituição pública, ela teve de prestar juramento ao rei, mas estava subordinada ao presidente, ou seja, a Mussolini, e era composta exclusivamente por fascistas.

Tendo recebido nas mãos poder ilimitado e liberto das falações dos parlamentares, Mussolini muito rapidamente aprovou, nos terrenos político e econômico, tudo o que dele podiam esperar os círculos burgueses. Efetivou uma redução severa do aparelho estatal. Mussolini aboliu o Ministério do Trabalho, fundiu o Ministério da Economia com o da Fazenda, suprimiu uma série de postos de ministros aliados. Dissolveu a Guarda Real, uma força armada especialmente criada para fins policiais, na qual os fascistas não confiavam por ter sido criada por seu inimigo Nitti. Reduziu o efetivo inflado das estradas de ferro, eliminou sua escassez, racionalizou o transporte[15], equilibrou o orçamento, restaurou a disciplina em todo o aparelho do Estado. O déficit de orçamento, que chegava em 1922-1923 a 3,29 bilhões de liras, foi reduzido em 1923-1924 a 418 milhões de liras. Simultaneamente, Mussolini efetivou uma série de desnacionalizações: telefonia, radiotelégrafo, expedição de encomendas; aboliu o monopólio do fósforo; aboliu o imposto sobre herança, enquanto introduziu impostos sobre os salários aos médios proprietários de terra e fazendeiros; eliminou restrições de locação; aboliu a aposentadoria por idade; permitiu a retirada da jornada de oito horas e, em seguida, promoveu o aumento geral de uma hora diária. A derrota do movimento sindical

---

[15] O colapso no transporte férreo, além de outros dados, é caracterizado pelas cifras de carga roubada e extraviada. Em 1913-1914, a soma total das demandas de todas as ferrovias italianas constituía 15 milhões de liras; em 1919-1920, cresceu para 26,4 milhões de liras; finalmente, constituiu 93,8 milhões de liras (das quais 50 milhões referiam-se a carga roubada). Mesmo que se leve em conta a queda da lira, o quadro resultante é perfeitamente definido. Mussolini introduziu nas estradas de ferro um destacamento especial de fascistas que conduzia a luta contra os roubos pelo método do terror, até o ponto de execução no local. Ver Luigi Villari, *The Awakening of Italy* (Londres, Methuen & Company, 1924), p. 216 e seg.

permitiu a redução do salário do operário italiano a um dos mais baixos da Europa. Isso tudo, claro, possibilitou o crescimento da produção e do mercado capitalista na Itália entre 1924 e 1925.

Os seguintes dados podem fornecer uma ideia do crescimento econômico:

A fundição do ferro na Itália era (em mil toneladas)		Fundição do aço	
1922	157	1922	600
1923	238	1923	1.110
1924	303	1924	1.337
1925	475	1925	1.600

Fonte: *Corriere Mercantile*, 16 de janeiro de 1926.

A produção de seda artificial obteve um desenvolvimento especial na Itália. Em março de 1925, os capitais investidos no setor constituíam 1,3 bilhão de liras e, em novembro, já alcançavam 1,604 bilhão de liras. Em escala mundial, a Itália ocupava o segundo lugar no setor. O ritmo do desenvolvimento pode ser julgado pelos seguintes dados: em 1924, toda a produção constituía 9 milhões de quilos. Em 1925, 18 milhões de quilos. Em 1926, uma única empresa, Snia Viskosa, deveria produzir 18 milhões de quilos. Na indústria química, a Itália investiu cerca de 1 bilhão de liras. A produção de energia elétrica nas estações centrais representava cifras de 1,36 milhão de cavalos-vapor (antes da guerra); em 1924, tivemos 2,8 milhões de cavalos-vapor e, em meados de 1926, 3,2 milhões de cavalos-vapor (dessa quantidade de energia, apenas 8,5% eram destinados à iluminação). O capital investido na indústria elétrica aumentou de 507 milhões de liras (1914) até 6,47 bilhões de liras em 1926[16].

O significativo crescimento da produção diminuiu o desemprego e o reduziu, no início de 1926, às cifras mais insignificantes[17]. Esses êxitos econômicos deram a possibilidade aos líderes do fascismo de dar as declarações mais arrogantes e receber as mais honrosas recomendações de pessoas competentes, por exemplo, o representante da casa bancária Morgan, o conhecido Lamont. Um dos adidos comerciais da embaixada inglesa até declarou que "a Itália nunca foi, em sua opinião, tão florescente e feliz". Na imprensa burguesa, por exemplo, não são poucas as correspondências possíveis de encontrar nos jornais americanos que celebram a influência regenerativa que o fascismo teve sobre a Itália. Se se acredita nesses correspondentes, então os italianos deixaram de parecer consigo mesmos: passaram

---

[16] Ver *Information*, 19 ago. 1926.
[17] No fim de abril de 1926, na Itália, contava-se ao todo 98 mil desempregados (*Neue Züricher Zeitung*, 1º jul. 1926).

a ser trabalhadores, diligentes, decididos, disciplinados, em resumo, todas as virtudes prussianas (escusas aos antigos romanos). Refletindo acerca dos dados que esboçam o ascenso econômico da Itália, o *Information* (29 de agosto de 1926) declara: "À primeira vista, quase vem à cabeça que a ditadura tem lados bons, que no momento presente ela talvez seja a única forma de governo, em certa medida, mais capaz de superar as dificuldades criadas pela guerra e fazer retornar à Europa parte do bem-estar do qual ela gozava antes de 1915" (a seguir, esse jornal burguês francês não considera a possibilidade de tirar a conclusão, pois se questiona se "a ordem obtida nas ruas, nos campos e nas fábricas é resultado do equilíbrio social e da disciplina livremente observada ou se está baseada em violências e ameaças").

Eis, de fato, toda a questão. No início do segundo semestre de 1926, a conjuntura tinha mudado para pior. A expansão do comércio exterior e o crescimento da produção foram afetados pela ausência de mercado e de capitais. A Itália ingressou em uma crise deflacionária cruel, a estabilização da lira denota a redução da produção e o crescimento do desemprego. Ao avaliar a situação da economia italiana no verão de 1926, o *Information* notou que "a indústria italiana, no decorrer de alguns meses, sofrerá com a ausência de capitais decorrente do crescimento excessivo de investimento de capitais, e o crescimento da produção transcendendo não apenas a economia nacional, mas também a capacidade de absorção por parte do consumidor". O jornal indicou adiante as crescentes dificuldades de trabalho, sinais de estancamento iminente, o aumento do gasto público, que se efetiva em condições em que a pressão fiscal é levada ao máximo. A estatística do comércio exterior em meados de 1926 mostrava que o crescimento dos últimos anos não apenas havia estancado, mas dera lugar à recessão, mesmo que naquele momento ainda fosse insignificante[18]. Depois das declarações arrogantes dadas pelos representantes do fascismo em 1925 e no início de 1926, eles são obrigados a pronunciar um discurso com um caráter muito mais pessimista em relação às grandes privações e dificuldades que estão anunciadas para o futuro próximo. Para evitar que à Itália seja necessário comprar uma grande quantidade de pão, Mussolini lançou uma campanha pelo aumento da terra cultivada. Para que os italianos gastem menos em papel-moeda, foram introduzidas restrições em termos de viagem ao estrangeiro. Os jornais fascistas persuadiram até os modistas italianos a desistir das tradicionais viagens a Paris para encontrar modelos e criar suas próprias modas nacionais italianas...

Não se pode considerar essas dificuldades como insuperáveis e letais para o regime fascista, mas, em todo caso, o crescimento do descontentamento ligado à crise econômica oculta uma boa porção dos perigos para a ditadura fascista.

---

[18] Ver *Neue Zürich Zeitung*, 26 ago. 1926.

III

Tampouco Mussolini teve suas esperanças plenamente justificadas no terreno da política exterior imperialista. A esse respeito, a Itália nunca teve muita sorte. Sua única tentativa de empreitada colonial no século XIX – a tentativa de dominar a Abissínia – terminou, como se sabe, de forma bastante lamentável. No concerto europeu, a Itália nunca desempenhou um papel ativo. "Quando vejo no horizonte europeu nuvens carregadas da política exterior" – declarou o primeiro-ministro italiano [Agostino] Depretis –, "abro o guarda-chuva e espero que ela passe". A Itália parecia para sempre condenada a ser uma potência de segunda categoria, que pode contar apenas com a rivalidade de outras potências, mas não com sua própria força. O imperialismo italiano teve, ainda, uma base econômica bastante fraca (indústria pesada) e um peso militar bastante insuficiente. A Guerra Ítalo-Turca foi fracassada, na [Primeira] Guerra Mundial a Itália não se revelou em nada. No fechamento da Paz de Versalhes, as ambições do imperialismo italiano foram rechaçadas sem cerimônia pelos seus adversários: a Itália não obteve Fiume, teve de evacuar Vlorë, foi desprovida da distribuição de mandatos.

O fascismo, cuja agitação foi 90% construída pelo fomento do sentimento de nacionalismo e chauvinismo, valeu-se, em larga medida, de todas essas "humilhações" às quais foi submetida a "grande Itália", "herdeira da grande Roma". Em seu pronunciamento de 21 de junho de 1921, Mussolini implementou um programa de imperialismo desenfreado, no qual tratava não apenas de Fiume, mas ainda do fato de que o cantão suíço Ticino deveria pertencer à Itália. Por sua vez (não mais que um mês antes da tomada do poder), ele escreveu no *Popolo d'Italia* que a Itália deveria lutar contra o imperialismo britânico e promover a sua destruição[19]. De tais declarações "irresponsáveis", ele, evidentemente, renunciou depois da tomada do poder. Em particular, Mussolini empregou um considerável esforço para acalmar os ânimos que foram despertados na Suíça por sua declaração sobre Ticino. Também conseguiu um caminho pacífico para resolver a disputa com a Iugoslávia em torno de Fiume. Ao mesmo tempo, porém, a política externa italiana aplicou medidas de envergadura imperialista. O governo de Mussolini desenvolveu-se ativamente em diferentes sentidos, fixando seu olhar na Ásia Menor, na África e nos Bálcãs. A revelação desnuda de seus apetites coloniais e o reforço do treinamento diplomático e militar para sua satisfação constituem o traço característico da Itália fascista e, claro, o que menos preocupa Mussolini é o fato de a expansão da Itália, que ele se prepara para implementar, não se dará em luta com o imperialismo britânico, mas, ao contrário, com o mais ativo apoio deste último.

---

[19] Citado por Mannhardt, *Der Faschismus*, cit., p. 204.

A política externa imperialista ativa passou de mão em mão com o incremento do poder militar do país. A Itália, considerada terra de cantores e artistas, começou, para o grande desgosto dos concorrentes mais próximos, como o imperialismo francês, a converter-se em potência militar e marítima, a qual se devia considerar seriamente.

A questão da política externa foi a ponte que ligou os fascistas e os nacionalistas. O partido surgiu ainda em 1910. Fundiu-se com o fascismo apenas em 1923, já depois da tomada do poder, e era diferente do núcleo pequeno-burguês principal do fascismo em sua composição de classe, assim como em seu passado político. Os nacionalistas sempre atuaram, como partido, em íntima ligação com os interesses dos bancos e da indústria, em especial a militar. Ademais, eram próximos dos círculos do alto-comando militar. Finalmente, sempre tentaram ser amigos do Vaticano, considerando a vantagem de usar a influência mundial da Igreja católica para os interesses do imperialismo italiano.

Dessa maneira, esse partido representa uma força muito sólida em sua composição de classe e conta com políticos experientes, condições sem as quais Mussolini não poderia passar. O ideal político-social desses círculos é uma monarquia com um forte poder central, um Exército forte; o Estado, que manteria a classe trabalhadora sob controle, conduziu uma ativa política de expansão imperialista. Em contrapartida, temos, como quadros fundamentais do fascismo, elementos em sua maioria pequeno-burgueses. Um representante típico deles é, por exemplo, o *homo novus* como [Roberto] Farinacci, ex-ferroviário de Cremona, que recentemente ocupou o posto de secretário-geral do partido. Essas pessoas fizeram carreira em organizações de expedições repressivas, *pogroms*, incursões de fura-greves. Buscam apoiar o espírito "combativo" e irreconciliável do fascismo em toda sua pureza. São contra quaisquer compromissos e quaisquer "acordos". Com isso, refletem, em parte, a insatisfação da pequena burguesia, à qual a política econômica do fascismo não deu nada de essencial, por estar dirigida à satisfação dos interesses do grande capital. Basta apontar ao menos um fato, como a abolição do decreto que proibia aumentar o aluguel residencial, que afetou muito as camadas da pequena-burguesia.

Esses sentimentos de insatisfação encontram seu canal nos fascistas extremos, expressam-se em protestos contra a "interrupção" da revolução fascista e nas tentativas de "impulsioná-la adiante". Esses demagógicos elementos pequeno-burgueses do fascismo são especialmente fortes nas províncias onde os órgãos municipais encontram-se em suas mãos. Aterrorizando a população, esses chefes locais, que lembram os patrões estadunidenses, nem sempre veem necessidade de contar com o poder central. Ao conquistar o poder, esses politiqueiros e demagogos do tipo de Farinacci não perdem a possibilidade de usar sua influência e sua proximidade com a classe do Estado para obtenção do lucro. A conspiração de que foi vítima o deputado socialista Matteotti foi organizada justamente pela camarilha do tipo do ex-ministro dos assuntos internos Finzi, advogado de Filippelli, e outros, que cometeram um ato de violência justamente porque temiam que Matteotti publicasse documentos denunciando seus negócios mais sujos e as extorsões de alguns bancos. O assassinato de Matteotti, como se sabe, desencadeou a pior crise do fascismo. Por um lado, revelou a degeneração na qual ingressou a elite fascista; por outro, resultou, ao mesmo tempo, em essência, que a política fascista para amplas camadas da população, definitivamente, não deu em nada. O perigo da situação então criada para o fascismo caracteriza-se mais nitidamente pelo fato de que a mobilização da milícia, cuja ligação com o assassinato de Matteotti foi anunciada, quase fracassou: nem 20% dos milicianos fascistas responderam ao chamado, mas, ainda que tenha sido principalmente nos distritos rurais, todos foram imediatamente transferidos para Roma. Basta ler os discursos pronunciados por Mussolini naquela época para entender que a posição do fascismo estava, de fato, fortemente hesitante. Se ainda assim o fascismo resistiu e superou a crise foi porque, por um lado, a classe trabalhadora não teve força suficiente para encabeçar um movimento contra o fascismo e levar ao desenlace definitivo e, por outro, porque a oposição burguesa socialista revelou-se completamente frouxa, não tanto para derrubar o fascismo quanto para evitar os discursos revolucionários da classe trabalhadora. Em última instância, Mussolini se valeu da crise para se livrar de alguns seguidores que haviam se comprometido em demasia. O fracasso da assim chamada "secessão de Aventino" permitiu-lhe, posteriormente, separar-se da Câmara dos Deputados. Seguro de que a oposição não lhe colocava medo, Mussolini declarou que não poderia haver quaisquer acordos sobre a assim chamada normalização, ou seja, o retorno aos trilhos constitucionais; que, pelo contrário, o regime fascista continuaria se aprofundando. Da aparência exterior, era como se a intransigência (*intrasigenza*) fascista tivesse triunfado. Na prática, conduziu-se a continuidade do equilíbrio entre os nacionalistas, que naquele momento ocupavam uma série dos mais importantes postos, e os camisas-negras (*squadristi*). Como ministro do Interior foi nomeado [Luigi] Federzoni, ex-líder do partido dos nacionalistas, para o qual, em seu discurso no Senado, Mussolini garantiu essa nomeação como uma certeza de que a partir de então não se cometeriam quaisquer atrocidades[20]. O lugar de ministro da Justiça foi ocupado pelo ex-nacionalista Rocco. Rocco, junto com Federzoni, foi autor das assim chamadas leis superfascistas, que deveriam aprofundar a revolução fascista.

Em contrapartida, o posto de secretário-geral da organização fascista foi representado pelo líder dos camisas-negras extremos: Farinacci. A luta obstinada entre duas agrupações continuou. Na primavera de 1926, Farinacci sofreu uma derrota nessa luta, o que é característico nas condições em que isso ocorreu.

---

[20] Federzoni se retirou em novembro de 1926, depois do quarto atentado contra Mussolini, e o próprio Mussolini assumiu seu lugar.

Por um lado, Farinacci investiu de modo demasiado brusco contra o Vaticano, em um momento em que Mussolini e a ala nacionalista dos fascistas conduziam com ele um jogo muito delicado, desejando que, depois do rei italiano, o papa de Roma se tornasse fascista. Mas aqui a coisa ficou mais difícil, e o Vaticano não estava de modo algum inclinado a se colocar à disposição do governo fascista sem obter uma série de concessões, as quais considerava essenciais e de princípio. A demanda basilar da cadeira papal consistia, como se sabe, na restauração do poder secular do papa. O pronunciamento de Farinacci contra o Vaticano foi, ainda, como se comunicou, uma das razões de sua queda; outra razão foi, novamente, a ameaça de exposição das maquinações obscuras de alguns bancos, quando a ameaça partiu, como todos sabem muito bem, de ninguém menos que Federzoni, o ministro do Interior.

Essa luta refletiu a crescente contradição no interior da própria organização fascista. A expulsão de Farinacci foi acompanhada de uma série de discursos de seus partidários, o que levou a enfrentamentos bastante sérios nas ruas. Tal estado de coisas ameaçava a própria existência da ditadura fascista e exigia a centralização mais estrita do aparelho do Estado e da própria organização fascista. A tarefa reside em suprimir do país qualquer possibilidade de oposição e de resistência organizada contra o fascismo, enquanto, no interior do partido fascista, dever-se-ia privar os membros ordinários e as organizações locais de qualquer possibilidade de exercer pressão sobre o centro dirigente e concentrar nas mãos do próprio Mussolini o máximo de poder e de influência. Para a realização do primeiro objetivo, deveriam servir-se das assim chamadas leis suprafascistas; para a realização do segundo, da adoção de um novo estatuto do partido.

IV

As assim chamadas leis suprafascistas, leis de exceção sobre os sindicatos, não contêm em si nada de "construtivo". Esses métodos puramente policialescos têm um caráter proibitivo e preventivo. O regime por eles estabelecido não representa nada de original, e um jornal francês colocou muito corretamente a questão: em que consiste a "ideia fascista" se essas ordens são uma repetição tal e qual aquelas introduzidas na França depois do golpe de 1851? Em que consistem essas realizações legislativas?

Em primeiro lugar, foi absolutamente formal a supressão do parlamentarismo. Foi estabelecida a responsabilidade do primeiro-ministro exclusivamente diante do rei, que o nomeia e destitui (a lei de 24 de dezembro de 1915). Além disso, extinguiu-se o governo local em todas as comunidades com população inferior a 5 mil pessoas; ademais, a lei estabelece que, se necessário, naquelas comunidades com população local inferior a 5 mil pessoas, o governo local também pode ser extinto. Os órgãos municipais eleitos são substituídos por oficiais nomeados da capital. Entre outras coisas, essa reforma tem o objetivo de frear o voluntarismo dos líderes fascistas locais, os assim chamados "de raça", que frequentemente não desejam se submeter à capital. Em seguida, serão criadas leis sobre a proibição de sociedades secretas, em particular, os maçons; esta última, especialmente para agradar ao Vaticano, porque o fascismo como tal não tinha relações hostis com a maçonaria. A seguir, uma lei puramente policialesca sobre os imigrantes, que os privou de direitos civis, estabeleceu o confisco de seus bens. Essa lei se aplicava até mesmo a imigrantes que não tinham cometido atos ilegais. A lei sobre o funcionalismo determinava, sem qualquer cerimônia, que poderiam ser afastados do serviço aqueles que, no cumprimento de suas obrigações ou na vida privada, não estivessem de acordo com o tipo de governo. A lei sobre a imprensa dava a possibilidade de, depois de uma advertência, fechar os órgãos de imprensa e estabelecer responsabilidade material ao editor e aos tipógrafos.

Em resumo, temos diante de nós o regime do segundo império, em sua integridade e plenitude. A diferença é que, ao lado da repressão legalizada, continua a repressão mediante a arbitrariedade. Isso é o que mostra a tabela trazida pelo *Humanitè*[21]. Nela, encontramos a estatística das perseguições de setembro de 1925 a setembro de 1926. Se o número de presos nesse período era de 7.058 pessoas, o de mortos era de 76 pessoas – obviamente, já em caráter não oficial. Foram realizadas 12.252 buscas, sendo que houve destruição de 131 instalações, de novo, obviamente, nos princípios da "iniciativa pública"; foram proferidas 1.668 condenações, sendo que 349 pessoas sofreram punições físicas etc. Essa tabela ilustra a atividade punitiva dos órgãos oficiais do Estado fascista e o trabalho paralelo dos bandos fascistas. Além do mais, cabe notar que aqui não estão incluídos os casos de *pogroms* e espancamentos que tiveram lugar no período da última onda de terror fascista, em novembro de 1926, depois do quarto atentado contra Mussolini. Algo de particular traz a lei sobre os sindicatos, pois aí o fascismo tenta, ao menos do ponto de vista formal, empreender alguma ideia "construtiva". Na verdade, essa lei pode ser chamada de lei de extinção dos sindicatos. Isso foi feito pelo desejo de matar definitivamente a influência da Confederação Geral do Trabalho e das associações católicas.

Um sintoma alarmante para o fascismo foram a greve dos metalúrgicos em 1925 e a derrota que os fascistas tiveram nas eleições dos comitês de fábricas. A essência da nova lei de 3 de abril de 1926, complementada pelo decreto de 1º de julho daquele ano, consiste em cada ramo da produção reconhecendo legalmente apenas um único sindicato. Para tanto, esses sindicatos devem, em sua composição e, sobretudo, na composição de seus órgãos diretivos, dar ao governo plena garantia no que se refere à maneira nacional de pensar. Dito de outro modo, devem ser fascistas. Os representantes e secretários dos sindicatos apoiam o governo. Para formar um sindicato, bastam 10% dos empregados em um determinado setor, mas

---

[21] *Humanitè*, 7 out. 1926.

todos os trabalhadores restantes devem pagar a contribuição, ainda que não sejam membros desse sindicato reconhecido pelo governo. Apenas 10% das contribuições são destinadas diretamente ao Estado para as necessidades das instituições de proteção à maternidade e à infância; o restante da soma é distribuído segundo ordens do prefeito. O sindicato, dessa maneira, não tem, para dizer a verdade, direito de distribuição de seus bens. Estão completamente proibidas as organizações profissionais de militares, dos trabalhadores dos meios de comunicação e das estradas de ferro, de professores de instituições de ensino etc. No que se refere aos sindicatos não reconhecidos, podem existir apenas como organizações de fato[22]; não têm o direito de fechar acordos coletivos ou fazer algum tipo de negociação com os empresários em nome de seus membros. Pelo contrário, os acordos coletivos fechados oficialmente pelos sindicatos são obrigatórios para todas as pessoas que trabalham em determinada profissão. Pela lei, são previstos o arbítrio governamental obrigatório e a proibição de greves e locautes.

Castigos especialmente severos recebem os participantes de greves políticas. Todos os conflitos entre os empresários e os operários são resolvidos pelo juizado de apelação governamental. A lei proíbe a criação de organizações profissionais mistas de empregadores e empregados. A ideia original dos fascistas fracassou em vista da resistência dos industriais, a quem a ideia pareceu perigosa. Contudo, a cúpula das organizações profissionais e a dos sindicatos patronais estão unidas nas assim chamadas corporações. O Conselho Nacional das Corporações é chefiado pelo ministro das Corporações, um posto que, naturalmente, apenas o próprio Mussolini pode preencher. O Ministério das Corporações é encarregado de implementar as leis sobre os sindicatos. É preciso dizer que os industriais aceitaram muito a contragosto a arbitragem compulsória; fizeram longa resistência a ela. Benni, representante da Federação da Indústria, declarou que "o princípio da arbitragem compulsória será o princípio do fim da indústria italiana". Apenas sob pressão do próprio Mussolini e depois de receberem garantias de que a arbitragem não seria usada contra seus interesses, os industriais concordaram. Em geral, a política dos industriais para essa questão é absolutamente clara. Não lhes interessa, de modo algum, a existência de qualquer tipo de organização de trabalhadores. As experiências fascistas de inclusão dos sindicatos na organização do Estado despertam nos empresários um aviso de perigo legítimo de que seus interesses podem, num dado momento, sofrer com a política demagógica da cúpula fascista. A garantia, nesse caso, pode ser apenas que o centro dessa estrutura de organização fascista, intimamente ligado aos interesses dos grandes capitalistas, esteja livre de qualquer pressão por parte da periferia.

---

[22] A Confederação Geral do Trabalho, dirigida por reformistas, tentou, no princípio, se adaptar às novas condições, existindo como uma organização "real"; em seguida, seus líderes cometeram um ato de suicídio ao declarar a autodissolução da Federação.

Isso pudemos ver no novo estatuto do partido, publicado em 1926[23]. Por isso, é necessário se deter mais detalhadamente nele. O estatuto começa com um tipo de declaração na qual se explica, em termos bastante solenes, o significado do fascismo.

"O fascismo" – diz-se ali – "é uma milícia a serviço da nação. Seu objetivo é a realização da grandeza do povo italiano. Desde seu surgimento, que esteve intimamente ligado à consciência nacional italiana e à vontade da guerra, o fascismo sempre se encarou como em estado de guerra".

Adiante, destaca-se que o fascismo não é apenas a união dos italianos em torno de algum programa sujeito à implementação, mas é "a fé que tem em seus confessores". A parte essencial desse símbolo de fé é o partido, cujo estatuto sustenta "as regras e a hierarquia, pois sem elas não pode haver força disciplinadora e educação do povo, que recebe a luz e a norma a partir de cima, onde há uma compreensão plena de todas as particularidades, de todas as tarefas, de todas as funções e de todos os méritos". A estrutura dessa "hierarquia" é muito simples: tudo parte, claro, do próprio Mussolini, líder que "o povo escolheu por sua vontade, por sua vontade e por sua causa". "Líder" não escolhido e imutável. O órgão superior do partido é o Conselho Supremo. O Conselho Supremo é encabeçado pelo "líder" e consiste em dignitários do fascismo, que entram nele *ex officio*, em particular, os ministros, os aliados dos ministros dos assuntos interiores, os senadores fascistas, o chefe da milícia fascista e seu chefe de gabinete, representantes dos sindicatos fascistas, representantes das organizações patronais, membros do Diretório Nacional e outras pessoas designadas pessoalmente pelo líder do fascismo. Essa organização, que depende inteiramente de Mussolini, designa o secretário-geral e os membros do Diretório Nacional. O programa de trabalho do Diretório Nacional é determinado pelo secretário-geral. Ao seu dispor encontra-se o secretariado, que se divide em nove departamentos[24]; um significado de especial importância tem o departamento político, que controla toda a atividade política do partido e é o responsável direto pelas associações fascistas de professores do ensino básico, ferroviários e trabalhadores de serviços de correios e telégrafo. Finalmente, o terceiro órgão central do partido é o Conselho Nacional, composto pelos secretários da federação. Qualquer tipo de eleição em uma organização está cancelado. O secretário-geral designa os secretários das províncias; cada secretário elege um colegiado de sete pessoas e designa os secretários dos sindicatos locais. Esses secretários, por sua vez, recorrem ao colegiado. O princípio das designações se efetiva, consequentemente, do mais alto até o mais baixo. Não há nenhuma exceção, nenhuma ressalva.

---

[23] O texto do estatuto foi publicado no jornal *Popolo d'Italia* de 12 de outubro de 1926.
[24] 1) Político; 2) administrativo; 3) corporações autônomas; 4) imprensa; 5) propaganda; 6) organizações de juventude; 7) organizações de mulheres; 8) associações de famílias de fascistas mortos; 9) associações de estudantes fascistas.

É característico também o juramento que deve prestar qualquer fascista ingressante (artigo 27 do estatuto): "Juro cumprir incondicionalmente todas as ordens do líder e servir à causa da revolução fascista com todas as minhas forças e, se necessário, com o meu sangue".

Em geral, o Estatuto, do princípio ao fim, está impregnado da ideia que, recentemente, por ocasião do último atentado contra Mussolini, foi expressa em cores bastante vivas em um jornal fascista. O órgão oficial fascista *Impero* (5 de novembro de 1926), ao expressar satisfação quanto ao fechamento de todos os jornais não fascistas, escreveu: "A partir desta noite, deve-se pôr fim na utopia estúpida de acordo com a qual cada um pode pensar com a própria cabeça. A Itália tem uma única cabeça, e o fascismo tem um único cérebro; estes são a cabeça e o cérebro do 'líder'. Todas as cabeças dos traidores devem ser cortadas sem piedade".

O Estatuto estabelece as seguintes medidas disciplinares contra os fascistas indignos: advertência, exclusão temporária e exclusão definitiva. Qualquer excluído do partido é considerado um traidor e, como diz o Estatuto, deve ser afastado da vida política. A exclusão do partido fascista implica a exclusão de todas as organizações econômicas. Para uma determinada categoria de pessoas, como advogados e jornalistas, isso tem um enorme significado, pois aqueles que não são membros de corporações oficiais dessas profissões não podem praticar ou trabalhar como colaboradores de publicações temporárias.

V

Passemos, agora, à comparação formal entre fascismo e bolchevismo, que tem sido o tema favorito de muitos pesquisadores.

Já mencionei Nitti, que até deu a seu livro o título de *Bolchevismo e fascismo*. Um dos juristas mais populares no Ocidente, Kelsen demonstra que a base do fascismo e do bolchevismo repousa sobre um único e mesmo princípio: uma minoria eleita que dita sua vontade aos demais. R. Michels também demonstra que o bolchevismo e o fascismo partem de uma raiz comum e que, "à semelhança da loba romana que alimentou Rômulo e Remo, a guerra alimentou um par de gêmeos: o bolchevismo e o fascismo"[25]. Finalmente, o próprio Mussolini fala de "dois grandiosos experimentos do período do pós-guerra", que supostamente demonstram que é possível governar "para além da ideologia liberal e em oposição a ela".

Mussolini vai até um pouco além e tenta assimilar a questão da democracia de um ponto de vista que lembra um pouco nossa crítica ao democratismo formal. Em seu recente pronunciamento em Perugia (6 de outubro de 1926), protestou contra os que chamam o fascismo de tirania e de algo que exclui a democracia. Que tirania –

---

[25] R. Michels, "Asftieg des Faschimus", em *Archiv fur Socialwissenchaft*, v. 52, 1924, p. 64.

exclamou ele – seria essa, em que 1 milhão de pessoas se unem em torno de um partido, em que 3 milhões se unem em outras organizações a ele ligadas e em que 20 milhões aceitam que o Estado os garante e os protege. O curso do pensamento, como se vê, lembra em algo a doutrina leninista do mecanismo político de círculos de transmissão. Bem entendido que os estudiosos burgueses, em especial o campo liberal, são bastante adeptos das analogias entre fascismo e bolchevismo, mas aqui não se deduz que devemos aderir a eles. Não deixa de ser superficial, embora sejam, e talvez o sejam graças a isso, assim tão difundidas. Aqui, de novo, convém repetir que a forma é o ponto essencial do conteúdo, e disso deriva que a ditadura de classe feita para estabelecer um sistema de relações produtivas novo e superior não pode se parecer com uma ditadura de classe destinada a definhar e morrer, que tenta em vão retardar esse inevitável processo. Não importa quão habilmente o fascismo imita o método da ditadura bolchevique, essa imitação não garante a identidade dos resultados. Pode-se copiar tudo o que desejar, copiar quaisquer métodos, mas é impossível falsificar a base de classe que consiste, ainda, na essência da coisa.

Além disso, um dos autores americanos, R. Dell, abordou o aspecto puramente empírico da questão. Ele publicou em um jornal (*Current History*) um artigo sob o título "O bolchevismo italiano às avessas". Mas, ao traçar um paralelo entre o fascismo e o bolchevismo, destaca não os pontos de semelhança, mas os pontos de diferença. Ele, claro, identifica a ditadura com a violência. Mas, ao que parece, não se pode negar que

> na Rússia, a violência é cometida como um ato do Estado e tem uma forma legal, enquanto na Itália ela é empregada por uma organização irresponsável, que não pretende a legalidade de seus métodos. Os bolcheviques julgam seus inimigos respeitando a forma da lei. [...] Os fascistas não perdem tempo com tais formalidades. Se alguém trava uma luta contra o governo, então sua casa é destruída pelos fascistas com a anuência ou a cooperação ativa da polícia. [...] O assassinato se tornou um método na Itália.

Ao fazer essas comparações, o autor encerra: "Os bolcheviques são mais habilidosos que os fascistas, e o resultado é que o Estado deles será mais duradouro".

O pensamento do autor se desenvolve em diferentes sentidos. "A Rússia não cometeu o erro que os fascistas cometeram: eles não têm, ao lado do Exército, uma milícia especial e, consequentemente, não enfrentam a concorrência existente entre a milícia fascista e o corpo de comando do Exército." Em seguida, Dell encontra ainda a diferença de que os comunistas não permitem que ninguém aja por conta própria. Quanto aos seguidores de Mussolini, são demasiadamente fortes para ele. Daí o autor conclui que Mussolini "constrói sobre a areia, e os bolcheviques, na rocha"[26].

---

[26] R. Dell, "Italy's Inverted Bolshevism", *Current History*, jan. 1926, p. 519.

Todos esses argumentos também são, claro, de caráter bastante superficial. O resultado é que tudo se trata de uma técnica de Estado particular que, conosco, demonstrou-se superior. É evidente que não se trata aqui de técnica; o segredo é outro. Por que a ditadura do proletariado, sem perder sua força e sua principal essência de classe, a cada ano adquire um caráter mais organizado e estável? Por que, de formas severas e bruscas, pode passar mais e mais às suaves? Porque esse processo corresponde a nossos êxitos rumo à construção socialista, nossos êxitos no que concerne à direção das camadas médias. Os círculos de transmissão de nosso mecanismo de Estado melhoram a cada ano, e a interação entre eles fica mais completa; o vínculo indissolúvel existente entre o partido e os sindicatos e toda a classe operária, além da organização do campesinato em cooperativas e, finalmente, da massa restante do campesinato, aprofunda-se e fortalece-se. O fascismo não tem diante de si a perspectiva de tal desenvolvimento, pois ele não tem uma base histórica de classe correspondente. O fascismo destruiu as formas do Estado burguês parlamentar, mas ele teria dado algo de igual valor em troca, no sentido das perspectivas que a democracia burguesa abriu para o desenvolvimento do capitalismo? Parece-me que, se o fascismo teve êxito na Itália em realizar a tarefa de manter o poder nas mãos da burguesia melhor do que fez o Estado, adornado pelo decoro parlamentar, então o regime fascista não abriu nenhum novo horizonte. O fascismo é fruto do estágio imperialista do desenvolvimento capitalista, no qual este último manifesta traços de estagnação, parasitismo e decadência. Disso decorre que não está apto a criar as formas que proporcionariam um desenvolvimento de longo prazo.

O grande capital, em determinadas condições, vê-se obrigado a declinar dos métodos de organização democrática das massas, bem como da ajuda que lhe prestam os sociais-democratas. Mas eis que, no lugar do entorpecente social-reformista, coloca-se a demagogia fascista como meio de dominação das massas. Sem essa demagogia e sem as convulsões periódicas que provoca, o regime não pode existir. Das duas, uma: ou o capital tem de governar pelo método do engano democrático, ou tem de lidar com a fatura das despesas do fascismo, com a existência dessa organização política que não pode manter sua atividade e coesão interna a não ser atuando da maneira mais agressiva, mais irreconciliável com todos os elementos antifascistas. A demagogia e a ideologia fascista dividiram o próprio campo burguês, com os inevitáveis "custos de produção" da contrarrevolução burguesa. Para unir em uma massa íntegra, para lá de homogênea nas relações de classe, os líderes do fascismo devem inevitavelmente buscar o percurso dos meios artificiais. A ampla aplicação do método da provocação policial não é por acaso. É sabido que o atentado contra o "líder" também é resultado da provocação policial. Por um lado, o terror fascista produz uma reação natural, por outro, o medo de atentados, a tentativa de dar um aviso ao inimigo, e uma resposta a seu ataque empurra o governo para o caminho da provocação; finalmente, nesse caminho, a provocação é usada para avivar ainda mais a paixão fascista. O resultado é um quadro em que, por um lado, figuras antifascistas acabam como agentes provocadores, enquanto, por outro, são os guardas que preparam atentados. Quando isso ocorre em um fundo de dificuldades econômicas, como tratamos antes, o perigo começa a ameaçar o regime como um todo. Depois do quarto atentado, o próprio Mussolini começou a falar que o perigo ameaçava o fascismo. Antes disso, porém, destacou que a causa do fascismo é inquebrantável.

As últimas medidas do governo fascista (tenho em mente a lei de 9 de novembro de 1926 sobre a defesa do Estado) não são importantes por si mesmas. São importantes não porque estabelecem a lei da pena de morte, que efetivou a extinção completa de todas as organizações de oposição, de toda a imprensa de oposição, mas porque tudo isso vem acompanhado de uma profusão de *pogroms*, uma perseguição autodirigida que não resultou em nenhuma condenação, mas, ao contrário, foi um estímulo. Temos declarações de líderes responsáveis, como Turatti, o atual secretário-geral do partido fascista, de que "o linchamento é algo tão legal quanto a justiça comum". Temos declarações na imprensa fascista, tais como "o linchamento representa o imperativo da salvação nacional".

Temos o crescimento do medo e a suspeita nas próprias fileiras do partido fascista; temos conversas sobre sua limpeza, conversas sobre o fato de que os verdadeiros fascistas devem agora mirar também os membros suspeitosos da organização. Temos fatos, tais quais proceder à lista de proscritos etc. Tudo isso mostra que o fascismo leva uma luta tão exacerbada que exclui a possibilidade de qualquer tipo de "normalização".

A última questão é de tática; a questão da luta contra o fascismo.

No início da Revolução de Fevereiro, nossos liberais adoravam repetir que "o regime autocrático caiu devido à carga de seus próprios crimes". Claro que essa é uma frase simplesmente vazia. Nenhum regime, não importa o peso de seus crimes, quão grandes eles foram, jamais caiu devido a eles. Para que caia, é preciso encontrar as forças que o empurram. E, enquanto na Itália não houver essas forças, o fascismo, apesar de todos os seus crimes, continuará existindo.

Aqui se coloca a seguinte questão: por qual possibilidade é preciso se orientar? Existe o ponto de vista de que a queda do fascismo na Itália somente é possível concomitantemente à queda do capitalismo em geral, ou seja, com o estabelecimento da ditadura do proletariado. Não é preciso dizer que esse é o caminho mais desejado de desenvolvimento, e que para tal possibilidade existem bases. Mas seria um erro colocar toda a tática e todos os nossos cálculos em apenas uma possibilidade. É preciso lembrar as palavras de Lênin, para quem "a história das revoluções é mais astuta que qualquer partido experiente e que o mais experiente político". O desenvolvimento dos acontecimentos pode seguir de modo tal que o fascismo acabe consigo antes que a classe operária da Itália esteja madura para realizar a revolução proletária. Essa possibilidade deve ser considerada. É preciso considerar todas as contradições internas que existem no campo burguês entre os fascistas e os antifascistas, além das contradições do próprio fascismo. Isso, mais uma vez, é uma das receitas táticas de Lênin. Ele diz (em relação à Inglaterra) que, de um ponto de vista absolutamente puro, ou seja, abstrato, imaturo, e ainda de ação política prática de massas, a diferenciação do comunismo entre Lloyd George e [Winston] Churchill e entre Lloyd George e [Arthur] Henderson é absolutamente desimportante e pequena, mas do ponto de vista da prática, do ponto de vista do partido que quer conduzir as massas na batalha, as diferenças precisam ser consideradas, já que "em sua conta, em determinado momento de maturação dos conflitos irreconciliáveis entre esses 'amigos', que enfraquecem e debilitam todos os 'amigos' tomados de conjunto, está toda a causa, toda a tarefa do comunismo"[27]. Propor a luta contra o fascismo até o momento em que estiverem evidentes todas as prerrogativas para a tomada do poder pelo proletariado significaria, em determinadas condições, condenar-se à passividade. Deve-se considerar que os pontos fracos do regime fascista podem aparecer de repente, por alguma razão absolutamente inesperada, que até pareça pequena. O fascismo pode reduzir as dificuldades de ordem interna e as complicações externas. Mas é evidente que, quanto mais o partido comunista atuar de forma coesa, mais forte será sua organização, mais ampla será sua influência nas massas, maiores serão as chances de que a queda da ditadura fascista represente ao mesmo tempo a queda do sistema capitalista na Itália.

---

[27] Vladímir Ilitch Lênin, *Esquerdismo, doença infantil do comunismo*, panfleto de 1920, p. 87.

Fascismo*

Fascismo (*f.*): do italiano, *fascio*; grupo/agrupação/movimento político surgido na Itália após a Primeira Guerra Mundial. Seu criador e líder, Benito Mussolini, foi um renegado do socialismo italiano, expulso do Partido Socialista Italiano em 1914 sob a acusação de chauvinista e ardente defensor da participação da Itália na guerra ao lado da [Tríplice] Entente. Depois de finda a guerra, em 1919, Mussolini organizou sindicatos de soldados do *front* (*fasci di combattimento*) com base numa plataforma em que o ultrachauvinismo e o ultranacionalismo combinavam-se a uma demagogia antiplutocrática, com exigências de uma ordem republicano--democrática e anticlerical. Em seu desenvolvimento posterior, o movimento fascista abandonou rapidamente – até mesmo no discurso – qualquer "hostilidade" ao capital, assim como à monarquia e à Igreja; ao mesmo tempo, o *f.* mostrou-se a ferramenta mais eficaz para a repressão do movimento operário e para a luta contra a revolução comunista.

A fim de cumprir essa função, contando com a criação de uma milícia armada, o *f.* assumiu a posição de um Estado dentro do Estado e, finalmente, no outono de 1922, por meio de um golpe, tomou nas mãos o poder do Estado. As formas parlamentares e democráticas de dominação da burguesia foram, dessa maneira, substituídas por uma reconhecida ditadura do "Estado fascista". Uma vez no poder, os fascistas passaram a conduzir uma política declarada de defesa dos interesses de grandes industriais e do capital financeiro. Ainda antes da tomada de poder, os "êxitos" ideológicos e organizativos do *f.* italiano converteram-se em patrimônio da reação internacional e encontraram apoiadores e imitadores em uma série de países.

---

* Publicado em E. B. Pachukanis, "Фашизм" [Fascismo], em Энциклопедия государства и права [Enciclopédia do Estado e do direito] (Moscou, Editora da Academia Comunista, 1925--1927, v. 3), p. 1.407-13. (N. E.)

O *f.* e o movimento fascista adquiriram, dessa maneira, um significado geral europeu e até mundial; esse termo passou a designar quaisquer tipos de reações organizadas, direcionando a luta contra o movimento operário, em especial contra o comunismo, e valendo-se de ações violentas. Assim, por exemplo, costumamos chamar de fascistas todos os tipos de organizações de combate nacionalistas e monarquistas da burguesia alemã e dos *junkers**, bem como organizações análogas de outros países.

Tal interpretação difundida do termo *f.* é plenamente natural, já que os traços fundamentais da reação beligerante da burguesia no período do pós-guerra foram essencialmente os mesmos. A doutrina e a prática do *f.* foram preparadas ainda antes da guerra, por meio de um processo de decomposição e decadência do parlamentarismo burguês. Tais fatos da vida política, como a onipotência do gabinete inglês ou dos partidos dos "patrões" nos Estados Unidos, ou como a degeneração generalizada dos órgãos representativos, planejados muito antes da guerra mundial, prepararam o terreno para o *f.*: o Estado imperialista claramente liquidou suas formas parlamentares. A guerra acelerou esse processo, levando a um incrível agravamento das contradições de classe e deflagrando também uma guerra civil direta. Os velhos partidos políticos da burguesia, acomodados às campanhas eleitorais e à luta na arena parlamentar, revelaram-se inconsistentes. Seu lugar deveria ser ocupado por organizações de combate aptas à ação direta e capazes de, se necessário, substituir o aparelho de coerção de Estado (o Exército e a polícia), caso este não se mostrasse confiável.

O *f.* tem como precursores, em primeiro lugar, os destacamentos de fura-greves mercenários contratados por empresários e quaisquer tipos de sindicatos amarelos** e, em segundo lugar, as tentativas dos partidos reacionários, defensores dos interesses das classes possuidoras, de recrutar as massas com a ajuda de palavras de ordem patrióticas e chauvinistas altissonantes e às vezes amparados pela demagogia antiplutocrática. Depois da guerra, a forma favorita dessas organizações de massa foi a das associações burguesas de combatentes. É a partir de tais associações que nasce o partido fascista italiano. O traço característico das organizações fascistas é o desejo de se apossar do movimento operário, envolvendo os trabalhadores em suas organizações e criando sindicatos "sobre uma base nacional". A conclusão lógica dessa linha foi a estatização dos sindicatos, conduzida pelo governo de Mussolini

---

* Membros da nobreza constituída por latifundiários e militares de elite nos Estados alemães antes e durante o Império alemão (1871-1918). (N. T.)

** Sindicatos constituídos no século XIX na França e na Alemanha. Normalmente formados ou financiados pelos patrões com o objetivo de, com a divisão dos trabalhadores, defender os próprios interesses, e não os da classe trabalhadora. São contrários à greve e adotam posição conciliadora. A denominação de "amarelos" (ou *Krumiros*) decorre da fama de fura-greves que tinham os orientais no século XIX na França. (N. T.)

(as leis de 3 de abril e de 1º de julho de 1926), que consistiu na extinção de todas as organizações sindicais que não estivessem sob controle fascista.

Em sua tática, o *f.* não se orienta pela vitória por meio dos votos, mas pela conquista direta do poder. Na relação com opositores políticos, emprega toda e qualquer forma de violência, desde espancamentos e todos os tipos de intimidação até assassinatos e destruição de casas e sedes das organizações (sindicatos, cooperativas de trabalhadores, bolsas de trabalho). Os fascistas italianos levaram a cabo por tal meio a luta contra o movimento operário. Ao se tornar o partido dirigente, não renunciaram a esses métodos, passando a complementá-los com o terror arbitrário das repressões governamentais (o assassinato do deputado socialista [Giacomo] Matteotti, os ferozes *pogroms* cometidos depois do quarto atentado contra Mussolini). As organizações fascistas de outros países também organizam o assassinato de seus oponentes políticos e represálias armadas contra os trabalhadores revolucionários.

A doutrina de Estado do *f.* pode ser determinada como uma negação consequente dos princípios liberais e democráticos: o princípio da disciplina em vez da liberdade pessoal; o princípio da hierarquia e das prescrições vindas do alto em vez da eletividade; o princípio da escolha aristocrática em vez da igualdade democrática; a representação "corporativa" em vez da parlamentar etc. Em sua crítica do parlamentarismo, o *f.* toma de bom grado os argumentos tanto dos sindicalistas quanto dos reacionários. O nacionalismo e o chauvinismo levados ao extremo ocupam o lugar central na ideologia do *f.* A Itália ainda não ganhou uma Constituição fascista plenamente acabada. Num primeiro momento, a Câmara dos Deputados foi mantida e alterou-se apenas a lei eleitoral (no sentido de que o partido que recebeu 25% dos votos no país ganhou dois terços dos lugares na Câmara). Depois da morte de Matteotti, a oposição deixou de tomar parte nos trabalhos da Câmara, e, em novembro de 1926, os deputados oposicionistas foram completamente excluídos, sendo a própria Câmara dissolvida por tempo indeterminado. No momento presente, prepara-se a completa supressão da Câmara com a introdução de representantes das corporações.

As corporações, ou seja, as associações pelo topo das organizações empresariais e dos sindicatos fascistas, foram criadas pela lei de 3 de abril de 1926. Estão associadas no Conselho Nacional, à frente do qual está o ministro das Corporações. Ainda antes (no fim de 1925), foi formalmente abolida a responsabilidade do governo perante o Parlamento, foram extintos os órgãos eleitorais de governança local em todas as pequenas comunas, foram extintas todas as liberdades democrático--burguesas, foram destruídos todos os partidos políticos de oposição. Em geral, o regime fascista pode ser definido como a ditadura da grande burguesia, levada a cabo não com a ajuda de meios sutis da mecânica eleitoral, não por meio da alternância entre diferentes partidos, plataformas e camarilhas políticas, mas pelo domínio aberto e direto de um único partido político, apoiado diretamente na força armada. O papel decisivo na vida e nas questões locais do Estado pertence ao partido fascista. Seus decretos atribuem o significado de atos oficiais (por exemplo, a "Carta do Trabalho" promulgada em 21 de abril de 1927 pelo Grande Conselho do partido fascista). O próprio partido fascista é organizado de cima para baixo, de maneira autocrática: não há nenhuma eleição, todos os órgãos se formam pela via da nomeação e da cooptação de cima para baixo. Todo poder emana do "líder", que, evidentemente, não é escolhido por ninguém, mas que "o povo aceitou por sua vontade, por sua força e por suas ações".

Cada membro do partido jura cumprir sem objeções as ordens do líder (página 27 do estatuto do partido fascista). Toda a vida política do país encontra-se sob controle do partido fascista. Tal forma de Estado assegura à burguesia uma concentração de poder sem precedentes, além da possiblidade de luta enérgica contra o perigo da revolução proletária e contra seus concorrentes imperialistas. Contudo, abdicar da balança parlamentar e do ludíbrio das massas com a democracia e as liberdades civis tem um lado perigoso; isso cria uma situação politicamente instável e tensa, introduz uma divisão ideológica no interior da própria burguesia, provoca o inevitável florescer de perigos indomáveis e temporários para a própria demagogia da burguesia e de todas as exceções possíveis. Para o capital italiano – que foi oprimido pelos mais poderosos concorrentes, que foi ameaçado diretamente pela revolução proletária, que foi encontrar acordo com pessoas como [Gustav] Noske e [Philipp] Scheidemann, os quais aceitaram a represália armada contra os trabalhadores revolucionários –, o regime de Mussolini surgiu como uma âncora de salvação. A burguesia alemã, mais sólida, tomou o caminho da estabilização no pós-guerra, evitando a derrota de suas velhas organizações políticas e a tomada de poder por aventureiros como Hitler e os teutônicos. Pelo contrário, no momento presente, na Alemanha, os velhos partidos dos proprietários de terra e da indústria pesada (nacionalistas e Partido Popular) controlam organizações militares como a dos combatentes das centelhas negras ("*Stahlhelm*") e delas dispõem para seus objetivos.

A ditadura terrorista da burguesia e dos proprietários de terra, em curso em outros países (Hungria, Bulgária, Espanha, Lituânia, Polônia), ainda que com frequência seja referida como fascismo, diferencia-se do regime estabelecido na Itália principalmente porque não se apoia em uma organização partidária tão poderosa nem em uma milícia partidária. Os órgãos de violência nesses países são, principalmente, a polícia e o Exército, com as organizações de voluntários prestando apenas serviços auxiliares. Na Itália, o partido fascista e sua milícia constituem a espinha dorsal da ditadura burguesa.

O calcanhar de Aquiles do regime fascista reside no fato de que ele deve conduzir a política do grande capital, apoiando-se na organização de massas, na qual estão representados predominantemente pequeno-burgueses, mas também uma parte de elementos proletários. A luta no interior do *f.* entre as alas dos grandes capitalistas e da pequena burguesia não cessa, adquirindo formas bastante agudas às vezes. O estatuto partidário de 1926 foi despojado de qualquer autonomia das organizações de base, concentrou todo o poder nas mãos do "líder", foi ditado pelo desejo de conservar a unidade a qualquer custo.

A ditadura fascista resolveu a tarefa de conservar o poder nas mãos dos capitalistas com mais sucesso do que poderia fazê-lo o parlamentarismo italiano. Mas não criou nenhuma fórmula política de sucesso promissora em longo prazo. A ditadura fascista carrega em si os traços da decadência e da decomposição tanto quanto o estágio imperialista do capitalismo que a engendrou. Demonstra claramente que a sociedade capitalista é incapaz de "um progresso democrático pacífico" e que não há outro caminho para a transição ao socialismo exceto a ditadura do proletariado.

A CRISE DO CAPITALISMO E AS TEORIAS FASCISTAS DO ESTADO*

I. As deficiências de nossa crítica do fascismo

Ao sumarizar o trabalho do instituto**, convém notar que fizemos muito pouco em relação aos estudos dos processos que estão em curso agora nos Estados capitalistas e à denúncia das teorias burguesas, social-fascistas e fascistas do Estado. Observem nossa revista*** neste último ano. Vocês encontrarão alguns artigos e algumas notas dedicados às teorias burguesas contemporâneas do Estado, e só. Se não se considerar, ainda, as resenhas, estão quase ausentes a denúncia e a crítica das teorias burguesas, fascistas e social-fascistas. Tivemos, neste ano, é verdade, o interessante trabalho do camarada M. Klímov, dedicado à questão da evolução do Estado burguês na época do imperialismo, com um material concreto muito valioso, cuidadosamente escolhido. Mas o livro dá pouco lugar às teorias fascistas. Não traça as origens de sua ideologia. Além disso, nas disposições gerais apresentadas pelo autor, há erros profundos. O trabalho possui algumas marcas da compreensão jurídico-formal do Estado. Porém, o camarada Klímov não inclui no conceito de Estado burguês as organizações de classe, cujo caráter é puramente político, que são criadas pela burguesia em uma época de capitalismo monopolista e que reafirmam e reforçam o aparelho de Estado.

---

* Estenográma revisado do relatório da plenária da União das Associações das Sociedades de Estadistas Marxistas, 11 ago. 1931. Publicado em E. B. Pachukanis, "Кризис капитализма и фашистские теории государства" [A crise do capitalismo e as teorias fascistas do Estado] em Советское государство и революция права [O Estado soviético e a revolução do direito], Leningrado/Moscou, Editora Estatal de Economia Social, n. 10-12, out.-nov. 1931. (N. E.)
** Instituto de Construção Soviética e Direito da Academia Soviética de Ciências. (N. E.)
*** *O Estado soviético e a revolução do direito*, revista da Academia Soviética de Ciências. (N. E.)

Devo dizer que as observações críticas sobre esse assunto se referem, em grande medida, não apenas ao trabalho do camarada Klímov, mas também a minhas próprias orientações no passado. Fiz a crítica dessa orientação quando tratei do meu trabalho *Teoria geral do direito e marxismo**. Na ocasião, indiquei que era necessário encarar a oposição dos órgãos oficiais e das assim chamadas organizações sociais, próprias do Estado burguês, como um destacamento de forças armadas, colocado acima da sociedade, a partir do qual se inicia o surgimento de qualquer Estado ainda antes do aparecimento da burguesia e do sistema capitalista. Tal identificação podemos encontrar mais de uma vez no trabalho do camarada Klímov. Uma força armada especial, colocada acima da sociedade, o camarada Klímov vê *apenas* nos órgãos oficiais – na polícia, no Exército –, mas ele não inclui nesse conceito as organizações especiais que a classe dominante cria na forma de qualquer tipo de associação paramilitar, milícias, bandos fascistas etc. Entretanto, é absolutamente claro que se uma associação de empresários organiza e mantém forças armadas, as quais perseguem inimigos em virtude de determinados objetivos políticos de classe, então tais forças incluem-se no Estado burguês, assim como as forças oficiais do Estado, como a polícia, o Exército etc., pois eles têm um único e mesmo objetivo. E, evidentemente, a criação dessas organizações apenas amplia seu significado com o poder do Estado. E eis por que considero que o camarada Klímov está cometendo um grande erro quando escreve que "a definição do sistema contemporâneo de dominação política de classe dos capitalistas não se esgota com o termo 'Estado burguês', assim como o Estado contemporâneo já não é um poder político monopolista, e a ditadura da burguesia já não se efetiva apenas por meio do Estado"[1]. Ao oferecer um vasto material, que mostra de que maneira o capital monopolista cria novas organizações, associações, milícias classistas armadas, esquece-se de que esses fenômenos apenas complementam, fortalecem e, com isso, alteram o Estado burguês, mas não o substituem ou o cancelam. A afirmação de que agora a burguesia não efetiva sua ditadura somente por meio do Estado pode levar à conclusão de que a própria tarefa da conquista do poder de Estado, a destruição da máquina de Estado burguês, já se tornou menos atual.

Entretanto, Lênin, ao caracterizar a época do imperialismo, escreve que "a história mundial conduz agora, inevitavelmente, numa escala incomparavelmente mais ampla [...] à 'concentração de todas as forças' da revolução proletária para a 'destruição' da máquina de Estado"[2]. Já a partir da formulação do camarada Klímov,

---

* Ed. bras.: trad. Paula Vaz de Almeida, São Paulo, Boitempo, 2017. (N. E.)
[1] M. Klímov "Буржуазное государство эпохи империализма" [O Estado burguês da época do imperialismo], Moscou, Editora Socioeconômica do Estado/Gossudárstvennoe sotsialno--ekonomítcheskoe izdátelstvo, 1931, p. 133.
[2] Vladímir Ilitch Lênin, *O Estado e a revolução: a doutrina do marxismo sobre o Estado e as tarefas do proletariado na revolução* (trad. Edições Avante!, São Paulo, Boitempo, 2017), p. 55.

pode-se demonstrar que agora não haveria necessidade de concentrar nisso todas as forças, que isso seria preciso fazer antes, mas agora temos quaisquer outros objetos de ataque do proletariado além do Estado.

Essa conclusão foi imposta à classe trabalhadora pelos sindicalistas em seu tempo, assinalando que o Parlamento deixara de desempenhar um papel decisivo. Tiraram disso uma tal conclusão de que, em geral, hoje, a luta política, a conquista do poder de Estado para o proletariado, é algo desnecessário.

Se tirarmos conclusões práticas dessa avaliação do papel do Estado imperialista, é preciso dizer que a crise do governo de [Heinrich] Brüning, digamos, não tem sentido, que a campanha da votação popular contra o governo prussiano de [Otto] Braun, conduzida apenas pelo Partido Comunista, foi um golpe desperdiçado.

Na verdade, o correto é o exato oposto. Justamente na época do imperialismo, o Estado burguês aumenta seu poder. Ele ocupa um aparato de guerra maior, possui melhores meios de intimidação, meios fraudulentos que coloca em marcha, e dispõe agora de grandes recursos financeiros. Quem sai em auxílio dos bancos que estão quebrando agora? O Estado, pelos meios que obtém com as taxações. Agora, na dependência do Estado, encontra-se uma massa da população maior que antes, devido ao crescimento colossal do aparelho do funcionalismo. É preciso renunciar à oposição jurídico-formal do Estado oficial e àquelas organizações políticas que produzem o capital monopolista no mesmo compasso das organizações oficiais do Estado.

A respeito do sistema estatal dos Estados capitalistas burgueses, já temos os trabalhos de [Gueórgui] Gúrvitch, mas eles passam ao largo de uma questão concreta que nos interessa muito, a saber, a fascistização do Estado. Permanecem inteiramente no âmbito dos velhos esquemas: fortalecimento do poder Executivo, ministerialismo, degradação do papel do Parlamento, degeneração do parlamentarismo etc. Tanto naquele tempo como agora, não é disso que se trata. Das colocações do camarada Gúrvitch resulta que o fascismo, dito de modo geral, é o definhamento do Parlamento. Tal conclusão, claro, está absolutamente equivocada, pois a essência do fascismo é a ofensiva aberta contra a classe operária com todos os métodos de coerção e de violência; é a guerra civil contra os trabalhadores e o fato de que, com isso, definham os restos da democracia burguesa, que se reduz a nada até naqueles países onde ela existe ainda nas palavras, no papel; esse definhamento, como foi dito corretamente pelo camarada [Dmítri] Manuilski, deriva de um produto secundário da linha fundamental, decisiva, da ofensiva de classe contra o proletariado.

Repito que a oposição acentuada do parlamentarismo ao fascismo – como se isso fosse o principal – evidencia a insuficiência da relação jurídica no que se refere à fraseologia fascista, que adora se representar na qualidade de algum tipo de revolucionário. Essa relação acrítica se encontra também em nossa literatura. Por exemplo, na *Enciclopédia do Estado e do direito*, no verbete "Estado", é possível ler: "Como se sabe, Mussolini gosta de se denominar revolucionário e, em algum grau, ele está certo: no Estado burguês, ele fez uma revolução e até o poder tomou por meio da violência, ainda que sem derramamento direto de sangue"[3].

A falsa luta dos partidos fascistas contra os outros partidos burgueses e pequeno-burgueses escala como uma revolução verdadeira; baseia-se na tomada violenta do poder, embora saibamos contra quem unicamente se dirige essa violência, quer dizer, contra a classe trabalhadora. Mas a essa altura, na Itália, ele não tinha o poder.

Nada nos impede de reexaminar o que foi escrito, porque daí se filtra aquilo que Manuilski caracterizou como pensamento liberal: "O fascismo não é um novo método de governo, distinto de todo o sistema da ditadura burguesa. Quem pensa isso são os liberais"[4]. Muito pouco, repito, trabalhamos esses temas, muito pouco nos ocupamos do estudo das ideologias contemporâneas surgidas da democracia burguesa, do fascismo e do social-fascismo.

Não podemos nos encerrar no âmbito da União Soviética, onde as ideologias burguesa e social-fascista não podem atuar abertamente. Devemos nos lembrar da nossa obrigação perante os irmãos dos partidos comunistas e prestar-lhes ajuda teórica na luta que estão conduzindo. Claro que essa é uma tarefa que não recai inteiramente sobre nosso *front*, o trabalho maior precisa ser realizado por economistas, filósofos e historiadores do Ocidente. Mas também nós, que estudamos a teoria marxista-leninista do Estado, precisamos realizar um trabalho bastante grande. Em particular porque, agora, no Ocidente, nos países burgueses, o problema do Estado atrai muita atenção. Há uma volumosa produção literária sobre o tema tanto na Alemanha quanto nos países anglo-saxões. Dos problemas do Estado ocupam-se congressos de filósofos, sociólogos etc. Os destinos do Estado chamam a atenção da burguesia como nunca. Temos uma série de trabalhos cujas citações sintetizam uma sólida base teórica acerca do fascismo, temos uma série de correntes formalizadas entre Estado e sociologia.

O significado da superestrutura política, em particular, envelhece à medida que a crise balança agora as bases da sociedade capitalista e, com isso, mina as raízes da potência do capital. Assim, a obediência habitual à ordem estabelecida, na qual se encontra a exploração capitalista, agora que o próprio capitalismo está se minando – pois o capital suspende o processo de produção –, faz surgir nas ruas milhões de desempregados, arruína os camponeses e os fazendeiros, anuncia cortes de salários, das migalhas miseráveis do serviço social de que dispõe a classe operária. Com isso, demonstram-se pessoalmente toda a falta de sentido e a crueldade do sistema capitalista.

---

[3] "Государство" [Estado], em *Энциклопедия государства и права* [Enciclopédia do Estado e do direito], v. 1 (Moscou, Editora da Academia Comunista, 1925-1927), p. 697.

[4] Dmítri Manuilski, *Доклад на пленуме ИККИ* [Relatório da plenária do Comitê Executivo da Internacional Comunista], p. 103.

Quando no Brasil jogam-se milhões de quilos de café no mar, em países coloniais como a Índia, a Indonésia, o Ceilão* suspende-se a colheita de chá, na ilha de Cuba extingue-se o estoque de açúcar (nos Estados Unidos, de modo absolutamente sério, coloca-se a questão: o que é mais lucrativo, alimentar as locomotivas com carvão ou com pão?) ou com a ajuda de tropas interrompe-se o trabalho nas plataformas de petróleo, quando na América do Sul abandona-se na terra toda a colheita de batatas, ao mesmo tempo, milhões passam fome – e isso, é claro, não pode deixar de influenciar a psicologia das camadas de trabalhadores mais atrasadas e oprimidas. O capitalismo percebe que, agora, ele se tornou odiado. Essa consciência penetrou até mesmo entre a burguesia e a intelectualidade burguesa. Há não muito tempo, aconteceu-me de ter uma conversa com um docente de uma universidade nos Estados Unidos. Antes de responder as perguntas sobre bolchevismo, quinquênio, Estado soviético, perguntei por quais pontos de vista se guiava o próprio professor. Ele me disse: "Acredito que o capitalismo deve sair de cena. Como isso deve acontecer é outra questão, mas que é um sistema absolutamente injusto, isso agora está claro".

Quando um acadêmico de Bonn escreve que milhares de pessoas colocam agora a seguinte questão: "Teria o sistema capitalista o direito de existir?" – e isso apenas para usar a expressão do acadêmico, bastante suavizada, pois, na verdade, não se trata de milhares, mas de milhões de pessoas que estão cheias de raiva, desespero e ódio do capitalismo –, a burguesia o sente. Nessas condições, a situação da superestrutura política adquire para ela um significado exclusivo e decisivo. Para tanto, a fim de conservar e se utilizar dos métodos do fascismo e do social-fascismo, a burguesia opera manobras com a ajuda dessas duas brigadas fundamentais, as quais se completam e se continuam. O camarada Stálin disse que a social-democracia é a ala moderada do fascismo, que o êxito do fascismo está ligado ao trabalho da social-democracia, que a social-democracia mantém determinadas posições para apoiar a ofensiva de combate aberto contra a classe trabalhadora, que conduz o fascismo. Nessa situação, o fator subjetivo é a nossa luta, a luta do proletariado é decisiva. Nessa luta, é importante desmascará-los, é importante golpear ideologicamente os dois pilares nos quais, agora, se apoia o domínio do capital.

Na situação contemporânea da crise mundial, em particular naqueles países em que, como na Alemanha, o fascismo foi obrigado a jogar com a necessidade, com a pobreza das massas populares, ele se viu obrigado a explorar o descontentamento, e é por isso que os fascistas recorrem a uma fraseologia quase socialista. Os fascistas desavergonhadamente exploram os termos da revolução, pois sentem que, agora, apenas com pregações imperativas não farão nada. Daí seu apoio em relação à crítica da democracia burguesa prostituída. Tentam criar uma ideologia integral, que

---

* Atual Sri Lanka. (N. T.)

supostamente deve substituir sua ideologia democrático-burguesa, esfarrapada pela liberdade e pela igualdade. Os fascistas tentam se apresentar como combatentes contra a ordem existente e, com isso, subjugar as massas. É preciso mostrar que isso é um absurdo, que se trata da negação das formas parlamentares da ditadura burguesa e só, de modo algum negação das bases dessa ditadura.

Finalmente, é preciso escancarar a afinidade da ideia do fascismo com aquelas que agora colocam em circulação os teóricos social-democratas. Além do mais, não se trata apenas de concepções como "capitalismo organizado", "democracia econômica", "Estado supraclasses" etc. Trata-se de conceitos sociológicos gerais muito mais abstratos, os quais são os mesmos para os sociais-fascistas e fascistas. Devemos, consequentemente, rejeitar quaisquer tentativas de opor o fascismo enquanto um novo tipo de Estado burguês ao velho tipo de Estado democrático-burguês, pois todo o curso concreto da luta política nos últimos tempos mostra que a fronteira entre a democracia burguesa e o fascismo está se tornando cada vez menos perceptível.

Na história política dos últimos anos, temos o exemplo de quando a Ordem dos Jovens Alemães [Jungdeutscher Orden], organização fascista "verdadeiramente alemã", uniu-se, nas eleições de 1930, ao partido democrata, que apoiava os bancos, capital judeu por excelência, união que foi publicada nos jornais tipicamente liberais, como *Berliner Tageblatt* e *Frankfurter Zeitung*.

Essa união revelou muitos paradoxos, mas, na verdade, não há nela nada de antinatural. E se, depois das eleições, essas organizações novamente se separaram, isso se explica não tanto pelos motivos principais, mas pelo vexame desse fracasso, dessa combinação que perdeu as eleições, quando os mais gritalhões, os mais profundamente demagógicos apoiadores de Hitler, levaram a vitória sobre a Ordem dos Jovens Alemães – apesar de ela ter contado com um aumento de votos graças à união com o partido democrata. No presente momento, os nacionais-fascistas hitleristas colocam completamente em último plano os apoiadores dos Jovens Alemães (Jungdo).

II. Os fascistas da Jungdo e a teoria da "Gemeinschaft"

Para o estudo das ideologias fascistas, a trajetória da Jungdo representa um caso especial. Em suas fileiras, há muitos publicistas e especialistas em matéria de Estado, os quais tentam, filosófica e sociologicamente, aprofundar e fundamentar o fascismo. É característico que encarem livremente a questão: monarquia ou república? Eles estendem diretamente a mão aos sociais-democratas, em particular em face da união sob a "bandeira republicana", desejando construir uma ponte para a inserção do social-fascismo no *front* fascista geral. Eis por que o exame de suas concepções é do maior interesse.

Como já disse, os fascistas dessa orientação também criticam, tanto quanto os fascistas em geral, a democracia burguesa. É interessante o caráter dessa crítica. Indigna-os não a existência da exploração capitalista – a escravidão assalariada, a necessidade, o desemprego, as crises, a desigualdade de distribuição, a libertinagem do luxo etc. Eles negam a sociedade burguesa não a partir de um ponto de vista "materialista". Ao discorrer sobre a crítica da sociedade burguesa ou da humanidade burguesa, seguem a teoria sociológica de [Ferdinand] Tönnies, esse marxista entre aspas, colaborador do jornal *Gesellschaft*. Tönnies apresentou um trabalho nos anos 1880 que se tornou uma grande moda atualmente. Nesse trabalho, Tönnies estabelece a diferença entre dois conceitos: sociedade (*Gesellschaft*) e comunidade ou coletivo (*Gemeinschaft*)*. Eis que agora o conceito "*Gemeinschaft*" está no centro de todas as elaborações. É sobre isso que se lê nos relatórios dos congressos filosóficos e sociológicos. "*Gemeinschaft*" se tornou um tipo próprio de palavra de ordem e uma panaceia para todos os males. Os fascistas da orientação da Ordem dos Jovens Alemães declaram que o povo deve voltar à comunidade (*Gemeinschaft*). E basta isso acontecer para que tudo fique bem.

É interessante observar mais de perto a teoria de Tönnies. Em que ela repousa? Ela repousa na contraposição da conexão real e orgânica que existe no coletivo (*Gemeinschaft*) à conexão artificial, mecânica ou conceitual, inerente a outro tipo de comunidade, a saber, a sociedade. Segundo Tönnies, na base do coletivo está a unidade proveniente do laço sanguíneo ou o laço que se desenvolve a partir de um lugar, um laço de vizinhança, e cresce com isso a unidade do espírito dos membros do coletivo, ligada à simpatia mútua. Em contraposição, a sociedade caracteriza-se por uma desconexão interna. Os membros de uma sociedade, embora convivam em harmonia, independentemente de terem formado qualquer conexão, encontram-se em estado de desconexão, uma certa tensão mútua. Comunidade ou coletivo é o sistema de relações em cujas bases recai o todo e tudo o que emana do todo, cada parte determina-se como uma parte do todo, a força unificadora emana do todo. A sociedade, ao contrário, é simplesmente uma totalidade de indivíduos, em que o ponto de partida é o indivíduo, a conexão emana dos indivíduos e existe somente à medida que eles realizam ou dirigem sua razão, sua vontade. A partir daí, uma série de conclusões. Por exemplo, a sociedade sabe das fronteiras nacionais e está sempre pronta para romper as fronteiras dadas; a comunidade, pelo contrário, está ligada historicamente por fronteiras territoriais dadas e determinadas.

O fascismo agora abraça essa sabedoria, que constitui uma das bases de sua ideologia. O filósofo [Hans] Freyer escreveu um trabalho inteiro no qual demonstra que a essência da comunidade consiste no fato de que, fechada no espaço e graças a isso, ela possui uma aderência interna. Mas voltemos a Tönnies. Em sua

---

* As palavras alemãs aparecem transliteradas ao cirílico. (N. T.)

opinião, a associação do tipo do coletivo (*Gemeinschaft*) tem uma fonte na tradição do passado, que predomina sobre cada indivíduo; ao contrário, para a sociedade (*Gesellschaft*), a construção de objetivos como princípios típicos se relaciona com o futuro, e o indivíduo toma consciência de seu objetivo. Tönnies acredita que o desenvolvimento parte do coletivo, com formas sólidas estáveis na sociedade burguesa de troca, que paulatinamente vai se tornando vítima da desintegração social e cultural. A partir daí, é praticamente só a palavra de ordem "volta ao coletivo".

É essa a base da concepção de Tönnies, que no momento presente tem recebido grande difusão.

Para os fascistas, essa teoria é bastante conveniente, pois é possível se posicionar "contra" a burguesia, colocando completamente de lado as questões desagradáveis da luta de classes, já que a luta deles contra a burguesia não é, de modo algum, a luta de classes: é a luta pelo coletivo, pelo "*Gemeinschaft*", e, assim, pela "verdadeira" democracia "alemã". Essa luta, claro, será financiada de bom grado tanto por banqueiros quanto pelos patrões dos trustes da indústria química.

Tönnies destaca alguns teóricos mais recentes, como Gustav Adolf Walz, que em 1928 escreveu um volumoso trabalho intitulado *A ideia estatal do racionalismo e do romantismo e a ideia estatal de Fichte*[5]. Ele continua, assim, desenvolvendo e aprofundando a concepção de Tönnies, ao mesmo tempo revelando-se um óbvio fascista. Walz toma a teoria do "*Gemeinschaft*", mas no sentido de que a origem sanguínea não desempenharia um papel significativo, enquanto a base da "*Gemeinschaft*" serviria de conexão espiritual e emocional, a qual se pode verificar até mesmo na imprensa.

Apoiando-se em fatores emocionais e psicológicos, Walz constrói uma escada histórica: família, gênero, relações feudais patrimonialistas, Igreja medieval. Ele inclusive destaca "a influência fascistizante da Igreja católica" em oposição à protestante, que libertou o indivíduo e, com isso, possibilitou a desintegração do coletivo – da "*Gemeinschaft*". Walz relaciona a família contemporânea à categoria de "*Gemeinschaft*", com a ressalva de que ele não tem em vista, evidentemente, o casamento contemporâneo na grande cidade. À categoria "*Gemeinschaft*", relaciona cada tipo de corporação e, finalmente, o funcionalismo prussiano e os militares prussianos. Walz considera necessário reabilitar a burocracia alemã. Indica que até agora considerava-se a burocracia um instituto cuja aparição marcou a queda das ideias feudalistas e medievais de Estado, enquanto a burocracia alemã, na medida em que não foi submetida a uma desintegração revolucionária, seria, ainda, a portadora, a encarnação das ideias do antigo Estado alemão, ou seja, da ideia de comunidade ("*Gemeinschaft*").

---

[5] Gustav Adolf Walz, *Die Staatsidee des Rationalismus und der Romantik und die Staatsphilosophie Fichtes* (W. Rothschild, 1928).

Walz destaca com bastante ênfase a diferença entre dois conceitos: *"Einordnung"* – a inclusão em um sistema ou partes subordinadas a um todo – e *"Unterordnung"* – a submissão desnuda que não exige quaisquer emoções, como a lealdade, a compaixão, o amor e assim por diante – e tenta persuadir o leitor de que a submissão desnuda não tem nada em comum com as ideias do antigo Estado alemão. Temos aqui a idealização do feudalismo e da Idade Média, a qual vai longe a ponto de o absolutismo dos séculos XVII e XVIII ser encarado como uma recuperação das verdadeiras origens germânicas. Há nisso algo que lembra os nossos eslavófilos, que conclamavam o retorno à *Rus* pré-Pedro*.

Depois de Tönnies, Walz destaca a categoria fundamental "sociedade" como um tipo de associação na qual domina a relação social de luta, de disputa ou de competição. Entre os indivíduos há uma conexão, mas ela é de uma ordem distinta daquela do caso do coletivo. Aqui faltam, como expressa Walz, "as forças tranquilizadoras do todo", que se elevam sobre o indivíduo. Os indivíduos que constituem a sociedade continuam a se encontrar em uma condição de desconexão. A relação carrega um caráter mecânico atomizado. Sobre esses princípios se dá a construção da sociedade burguesa contemporânea e do Estado burguês contemporâneo. Os princípios fundamentais da "sociedade", na opinião de Walz, constituíram uma luta não pela vida, mas pela morte, a luta no mercado mundial, na bolsa, na imprensa, na opinião pública, no Parlamento. A sociedade é, com frequência, sacudida por crises e se unifica apenas pelas leis do egoísmo corretamente entendido. Em essência, essas reflexões de Walz são uma repetição pálida da crítica da civilização burguesa que já havia sido apresentada no *Manifesto Comunista***. Aqui, é cuidadosamente fixado apenas o ponto de vista de classe, e a crítica da sociedade burguesa capitalista é neutralizada por uma sociologia extraclasse "em geral". Ao destacar a relação de luta e de disputa como uma categoria sociológica particular, Walz elabora uma espécie de escada das relações, partindo "da luta armada aberta mantida por meio do direito internacional e da corte para a concorrência e a competição no âmbito do direito civil e mercantil". Mas, em todas essas relações, há, em sua opinião, um traço peculiar: "Não há nenhum laço de amor, nenhum laço de lealdade, nenhum laço emocional".

Esse campo é, para ele, exclusivamente do direito. "Aqui, o complexo social do todo supera a tal ponto o que se denomina direito" – declara Walz – "que alguns são

---

* "Rus", também "Kiev Rus", ou "Rússia de Kiev", foi uma confederação de tribos eslavas do Leste Europeu do século IX ao XIII, governada pela Dinastia Rúrik; "pré-Pedro" refere-se ao período anterior ao reinado do tsar Pedro I. Também conhecido pelo epíteto "o Grande", ele foi o responsável pela ocidentalização e modernização da Rússia, unificando-a em Império. (N. T.)

** Karl Marx e Friedrich Engels, *Manifesto Comunista* (trad. Álvaro Pina e Ivana Jinkings, São Paulo, Boitempo, 2010). (N. E.)

resolvidos diretamente pela denominação de direito liberal-democrático, que corresponde de maneira mais adequada a essa relação, como direito em sentido próprio".

Walz não pode concordar com isso. Ele considera negativo que o estudo do direito em geral desenvolva-se sob a influência exclusiva ou absorvida pelo "direito de disputa". Desse "direito de disputa" ou, como lhe nomeia Walz, "direito coordenativo", parte toda a teoria geral com seu catálogo de direitos básicos inalienáveis. Walz identifica como um pecado dessas teorias a "estreiteza morfológica", que as torna incapazes de abarcar a relação "que subordina a parte ao todo". Walz lamenta que no direito do Estado a subordinação da parte ao todo "como expressão de forças tendenciais organizadas e conservadoras" dá lugar a uma relação de disputa no parlamentarismo, erigida na luta de frações e de personalidades isoladas.

Entretanto, até a guerra mundial Walz encara como uma tentativa do mundo anglo-saxão de impor à Alemanha o princípio da luta, da competição e da concorrência. Resulta daí que a concorrência imperialista não tem a ver com a repartição do mundo, mas a razão da guerra mundial está no fato de que a pobre Alemanha desejava conservar o princípio, que lhe era inerente, da "subordinação da parte ao todo". Essa é a típica sociologia burguesa operando por meio de esquemas artificiais, com categorias e formas que se desenvolvem de maneira autônoma, entrando em conflito umas com as outras. Esses veneráveis estudiosos não querem considerar que, na verdade, existe uma história, que é a história do desenvolvimento das forças de produção e das relações de produção, a história do surgimento das classes, a história da luta de classes, que conduz à ditadura do proletariado. Em sua apresentação, há dois tipos perenes de conexão social: "*Gemeinschaft*" e "*Gesellschaft*", que coordenam e subordinam a parte pelo todo, e esses princípios conduzem a luta entre si. Isso, evidentemente, não é ciência, mas um absurdo puro, em que tudo consiste em extrair partes do feudalismo e da sociedade burguesa e opô-las formando algum tipo de substância, de princípio de toda a história mundial. Essas fantasias reacionárias dos estudiosos burgueses mostram que a burguesia deixou de acreditar nos princípios de livre concorrência que defendia, no parlamentarismo, e que se esforça para vestir o trapo semirroto da ideologia medieval, feudalista.

Entretanto, Walz, como ora mencionado, não delimita apenas os dois tipos – "*Gemeinschaft*" e "*Gesellschaft*" – da subordinação da parte pelo todo e da coordenação; ele avança, ainda, a um terceiro tipo: a relação de dominação-subordinação em sua forma pura. Na qualidade de exemplos, ele recorre ao absolutismo, ao fascismo italiano e ao sistema soviético. Aqui, é preciso dizer que na base também está a luta, mas a luta ou a disputa não se ergue em princípio. O grupo dominante se esforça para subordinar todas as outras partes da sociedade. A igualdade é excluída e, consequentemente, é excluída também a possibilidade de renovação da luta. O todo não é a perpetuação da disputa, mas a consolidação do poder nas mãos de uma pessoa ou de um grupo e a interrupção do movimento eterno que é peculiar da sociedade burguesa, a sociedade coordenada.

Esse terceiro tipo foi necessário apenas porque os fascistas alemães querem ocupar, de algum modo, a posição teórica e ideológica do fascismo italiano. A diferença entre o fascismo italiano e o alemão consiste no seguinte: enquanto o fascismo italiano domina pelo princípio da ditadura de um líder (dominação pura), a ideia alemã de domínio parte do princípio do "*Gemeinschaft*", da subordinação organizada da parte ao todo. Ao mesmo tempo, o fascismo alemão (me refiro aos teóricos dos Jovens Alemães e aos que lhes são próximos) quer dar uma resposta à questão do que é o Estado soviético. E aqui reina a mais inacreditável confusão, a mais inacreditável inconsistência. Alguns relacionam fascismo e bolchevismo sob a mesma rubrica, na rubrica da ditadura, ou seja, a dominação e a subordinação nuas. É o que faz Walz. Alguns contrapõem a ditadura, que relacionam ao absolutismo do tipo de Luís XIV e à autoridade ditatorial do presidente da República da Alemanha pelo art. 48, ao Estado corporativo. Mas outra vez, na lista desse Estado corporativo, inscrevem o Estado soviético e o fascismo da Itália.

Walz sustenta mesmo que, embora se diga que os objetivos do bolchevismo e da ditadura fascista sejam distintos, se trata, todavia, apenas de um detalhe histórico concreto, que não muda nada nas questões fundamentais. Sobre tal absurdo científico imaginário, é possível guardar silêncio. Se os objetivos da ditadura proletária são considerados um detalhe, mas as maiores conquistas do pensamento generalizador se resumem aos dizeres "Alexandre da Macedônia, César e Napoleão no passado e o bolchevismo e o fascismo no nosso tempo representam o puro domínio da força", então não vale a pena perder tempo com a crítica de tal insanidade científica.

Toda sociologia que eu, em traços resumidos expus, vale-se justamente para, por um lado, mostrar que o fascismo tem sua própria posição especial em relação à burguesia, ao Estado burguês, à democracia burguesa; e, por outro, formular essa posição de maneira tal que para a burguesia não haja nenhuma consequência desagradável.

III. Como os fascistas criticam o parlamentarismo

Na crítica do parlamentarismo e da Constituição de Weimar, da parte dos fascistas, é possível indicar duas avaliações. Por um lado, a tendência mais primitiva; os apoiadores de Hitler, que se valem da insatisfação da pequena burguesia e das camadas atrasadas e inconscientes da classe operária por meio da comparação dos seguintes momentos: o velho regime da Alemanha de Guilherme [I], quando se tinha trabalho, se tinha salário, e agora, a República do desemprego, da pobreza, da humilhação nacional, do domínio do capital estrangeiro. Daí a conclusão: "Abaixo os agiotas estrangeiros, abaixo os marxistas, abaixo os bandidos vermelhos, abaixo a República de Weimar".

De modo um tanto diferente, com um pouco mais de fineza e cultura, com a pretensão de uma perspectiva histórica, pronunciam-se os representantes da Ordem dos Jovens Alemães. Buscam o espírito prussiano, o espírito prussiano da guerra e o espírito prussiano de caserna sintetizado na ideia da Revolução Francesa. Isso mostra mais uma vez que a democracia burguesa e o fascismo, em relação às suas fontes ideológicas, não representam nada diametralmente oposto.

Exatamente no mesmo período em que a Ordem dos Jovens Alemães passou a atuar junto com o antigo partido democrata na campanha eleitoral de 1930, era possível encontrar nos jornais reflexões do tipo: que o espírito prussiano e as tradições prussianas de [Otto von] Bismarck podem muito bem e facilmente se associar à tradição da Revolução Francesa em princípios de 1789 e que a história até dá exemplos de associações assim, a saber, o general de Estado prussiano no tempo das guerras de libertação com Napoleão, quando ali estiveram [Gerhard von] Scharnhorst, [Carl von] Clausewitz e outros generais prussianos da vanguarda.

Dessa maneira, os fascistas de modo algum atuam contra a democracia; pelo contrário, fazem se passar por seus salvadores, defensores da "verdade" da democracia em contraposição ao parlamentarismo. Buscam nada mais que dar uma fundamentação histórica, tomando na qualidade de subsídio teórico os trabalhos do notório [Werner] Sombart. A sociedade capitalista contemporânea contrapõe-se ao medievo, quando se cantavam os princípios orgânicos predominantes nas artes e nos ofícios da Idade Média, quando se trabalhava para satisfazer as necessidades, quando o lucro era considerado repreensível, quando havia "a certeza tranquila no dia de amanhã", quando havia uma sólida divisão de estamentos, quando floresciam as associações "orgânicas", como a família, as corporações de ofício, e quando a própria economia "era em geral um processo orgânico". Em resumo, desenha-se uma estrutura idílica, da qual se exclui a luta da cidade contra o feudalismo, a luta no interior da cidade, traços de rebelião nas cidades etc.

Esse princípio "orgânico" das artes e dos ofícios do medievo contrapõe-se ao espírito capitalista, ao espírito da preocupação, do cálculo, da ambição e do lucro. Nessa nova estrutura, a pessoa deixa de ser a medida de todas as coisas; a pessoa como parte do todo já teria se tornado o indivíduo desconectado, e a sociedade, um conjunto de indivíduos, dos quais cada um tem um direito inalienável. Nessa sociedade domina o materialismo, a ambição pelo lucro, o cálculo.

As ideologias fascistas veem como o maior vício do capitalismo não o fato de ele estar fundado na exploração, mas o fato de que "aquelas tarefas mais elevadas, que antes estavam incluídas na produção do comércio, agora desapareceram, e, com isso, desapareceu também a obrigação moral". Todos esses motivos levam uma e outra vez de volta ao *"Gemeinschaft"*.

Desse ângulo parte, ainda, toda a crítica à democracia burguesa e ao direito do Estado. Com isso, levam adiante frases radicais como "o Estado burguês é o

Estado de lojistas no qual cada um tenta apenas comercializar tranquilamente". Os teóricos do fascismo destacam com indignação que, para a burguesia, é indiferente a república ou a monarquia, que se trataria apenas de assegurar a propriedade e de como sairia mais barato conservá-la. "O Estado burguês é o Estado no qual aos desvalidos não vale viver e pelo qual não vale morrer."[6]

Essas frases, que soam radicais, não encerram em si nada de radical. O truque consiste em a burguesia declarar como inimigo o Estado em geral, o Estado com letra maiúscula. A prova de que a burguesia é indiferente ao Estado é dada pelo objetivo de convencer os trabalhadores de que eles precisam descobrir seu amor por esse "Estado em geral", ou seja, o Estado do fascismo. Da mesma forma que os democratas, os fascistas não estão de modo algum contra a democracia, mas são pela "verdadeira democracia". Os fascistas apontam com solenidade que o centro de gravidade da democracia tradicional liberal burguesa não está no fato de que todos tomam parte do Estado, mas no fato de que o Estado não pode interferir nos direitos inalienáveis do indivíduo, ou, dito de outro modo, do proprietário particular, e que "o verdadeiro democrata é justamente o cidadão que, antes de mais nada, está preocupado com o interesse comum, já o democrata liberal vela apenas por aquilo que lhe protege da interferência do Estado".

"A burguesia liberal" – afirma, ainda, [Reinhard] Höhn – "nunca desejou criar um Estado poderoso, ela apenas o tolera. No Estado liberal não há cidadão, há apenas pessoas particulares". Dando o devido crédito aos êxitos da época liberal no terreno da economia, as ideologias fascistas a julgam pela "pobreza interna, pela aridez, pelo espírito contábil". O liberalismo encara o Estado como um luxo desnecessário. A burguesia liberal condena à morte o coletivo – o "*Gemeinschaft*" –, já que apenas sobre suas ruínas pode construir sua prosperidade. Depois desses discursos, sabemos que a "verdadeira" democracia recai em um passado longínquo, que os Estados medievais são a encarnação dessa verdadeira democracia, na qual "as pessoas livres escolhem os duques e os reis, e estes últimos pertencem ao povo, mas o povo não lhes pertence". O desmembramento das unidades orgânicas naturais torna mais fácil a abrangência do líder. O problema dos líderes fascistas, em geral, merece maior atenção.

Ocorre que, justamente então, nesse passado remoto, o povo ou a classe desfrutaram da democracia, e o Estado medieval era não um aparato de coerção (!), mas a "união da verdade e dos compromissos mútuos". Toda a falsificação, toda essa mascarada, explica-se pelo fato de ser o fascismo uma superestrutura política do capitalismo decadente e, por isso, não ter quaisquer perspectivas, devendo, involuntariamente, quando busca oferecer alguma coesão teórica, voltar-se ao

---

[6] Reinhard Höhn, *Der bürgeliche Rechtsstaat und der neue Front. Die geistgeschichtiche Lage einer Volksbewegung* (Berlim, Jungdeutscher Verl, 1929).

passado, idealizando-o e distorcendo-o. Declara de modo absolutamente sério que a democracia protogermânica está agora esquecida, não a conhecem, não a consideram moderna, e toda a tarefa consiste em reavivar essa antiga forma e apresentá-la ao povo alemão. Com isso, colocam em marcha expressões fortes sobre como a burguesia "falsificou a democracia", que agora seria preciso erradicar os conceitos distorcidos, frutos da ideologia burguesa do Estado de direito, e recuperar a velha imagem da democracia.

Tudo isso é muito altissonante, mas mostra apenas uma coisa, a saber, que a colossal insatisfação das amplas massas, a existência da União Soviética, que prepara o terreno para a revolução proletária, obriga o fascismo, em certa medida, a se adaptar ao espírito do tempo e oferece, pelo menos exteriormente, palavras de ordem revolucionárias. Os fascistas não economizam frases altissonantes sobre a guerra; de algum modo, elas são anunciadas a partir da visão de mundo burguesa. O mesmo Höhn declara: "Abrimos um novo *front* contra o Estado burguês, declaramos guerra à humanidade burguesa e à visão de mundo burguesa em suas bases". Todo o vazio e a mentira dessas afirmações são, agora, desmascarados assim que se entra na parte econômica do programa. Aqui, encontramos uma caixa de baboseiras e o desejo de apagar os rastros. Depois da citação anterior de Reinhard Höhn, quando ele, com bastante *páthos*, discorre sobre a verdadeira democracia e sobre como a burguesia a falsificou, encontramos esta frase: "Agora entraremos no terreno difícil e perigoso do conteúdo econômico da democracia". O que representa, de fato, um terreno difícil e perigoso para ele veremos a seguir.

É muito interessante a crítica que os fascistas fazem ao parlamentarismo. Os fascistas consideram essa forma da ditadura burguesa irremediavelmente ultrapassada e sem sentido, enquanto os teóricos que aderiram à Ordem dos Jovens Alemães destacam, com absoluta correção, que a crise do parlamentarismo está ligada ao papel superior do proletariado, que a entrada do proletariado na arena política é o fato fundamental que conduz à inversão do parlamentarismo. O parlamentarismo se adaptou para que fosse capaz de usar o povo contra a monarquia e fechar um acordo com a monarquia contra o povo. Esse é um órgão específico da burguesia. A exclusão do proletariado do Parlamento – reflete Höhn – é algo absolutamente "natural", nisso estão a essência e a "alma" do sistema parlamentar. Todo o sentido do governo parlamentar mediante o debate público encerra-se na existência de uma base comum de interesses das classes dominantes, uma base comum principal, na qual podem ser resolvidas diferentes questões por meio do debate, da discussão e dos compromissos em relação aos meios técnicos de execução dessas ou daquelas tarefas políticas. Mas agora, quando entra na arena política a quarta classe – o proletariado –, o Parlamento perde seu papel: os compromissos técnicos já não são necessários quando se depara com contradições absolutamente irreconciliáveis, e o centro de gravidade da vida política transfere-se já para outro terreno, já não se concentra no Parlamento. A publicidade se torna sem sentido porque as questões fundamentais são resolvidas em reuniões secretas e por meio de acordos fechados nos bastidores. O Parlamento já não reflete a unidade das camadas possuidoras, mas as contradições irreconciliáveis do partido; já não mais discutem a fim de convencer, mas de medir forças. A discussão perde o sentido, pois já não há do que nem para que convencer, a questão se decide pela correlação de forças. Höhn enxerga outra razão da decadência do Parlamento na concentração de interesses dos proprietários, na concentração de capital, na formação de poderosas organizações monopolistas, que, outra vez, resolvem, em essência, tudo nos bastidores. Para citar uma expressão de Carl Schmitt[7], um dos estudiosos do Estado referenciado pelos fascistas, o Parlamento agora funciona apenas como um escritório para comutação de decisões dos departamentos do aparelho estatal.

O sistema parlamentar não é útil, é preciso descartá-lo, não apenas porque ele perdeu seu fundamento, mas também porque, na opinião dos fascistas, não resolve os problemas dos líderes, os problemas de direção, e apenas a massa organizada desmembrada pode escolher os líderes, não um punhado de eleitores – pessoas particulares, mas não cidadãos. Alguns fascistas escarnecem a existência de um sistema de votação secreta, quando cada um, independentemente do outro, entra em uma cabine para depositar seu voto; "empresas privadas" na forma de partidos ocupam-se da coleta dos votos e, dessa maneira, elegem a direção política. Na prática, supostamente, isso levaria à dominação "de forças plutocráticas anônimas, que em nome do povo governam no lugar do povo"[8]. Relacionado a isso, encontramos frases altissonantes sobre o fato de que a classe operária deve se incluir no Estado, que deve se tornar uma nação, como a burguesia na Revolução Francesa se tornou uma nação.

Todo o barulho que muitos fascistas fazem contra o sistema parlamentar é claramente calculado para captação demagógica das camadas que já começaram a reconhecer a essência mentirosa e repugnante da democracia burguesa, mas ainda não chegaram a acreditar na necessidade geral de derrubar o poder do capital. O barulho que erguem os fascistas contra o parlamentarismo cria um terreno bastante propício para os sociais-fascistas, encobre o processo de fascistização do Estado burguês, que consiste na luta contra o fascismo em defesa das formas parlamentares da ditadura burguesa, e engana, com isso, a classe operária. Basta indicar a prática política dos últimos dias, apesar da lei de imprensa, que representa um flagrante escárnio do princípio democrático-burguês da liberdade de imprensa. Hitler, em seu tempo, de forma muito grosseira, advogou sem cerimônia contra a liberdade

---

[7] Carl Schmitt, *Verfassungslebre*, 1928.
[8] Reinhard Höhn, *Der bürgeliche Rechtsstaat und der neue Front*, cit., p. 65 e seg.

de imprensa: "Trinta centímetros de granada" – escreveu ele – "soam mais forte do que mil jornais de judeus sujos. Assim, deixe que assobiem as granadas".

Agora, o governo social-democrata de [Carl] Severing obriga o *Die Rote Fahne* a publicar a circular governamental, e se não usa uma granada de 30 centímetros, então dispara com metralhadoras na sede do Partido Comunista em Berlim. E tudo isso é feito sob o pretexto do parlamentarismo, sob o pretexto de uma luta ilusória contra o fascismo.

IV. Os fascistas polemizam com os marxistas

Ao refletir se a classe trabalhadora deve incluir-se no Estado, se deve tornar-se uma nação – como a burguesia se tornou uma nação a seu tempo –, os fascistas promovem um truque extremamente hábil contra Marx e os marxistas. Aqui, novamente é preciso diferenciar os hitleristas vulgares e primitivos, que erguem brados selvagens contra os marxistas, temperando-os com seu antissemitismo, e os teóricos da Jungdo, que atuam de maneira mais fina, debatendo com Marx e os marxistas não porque Marx criticou o capitalismo e avançou no sentido da emancipação da exploração capitalista, mas porque ele não teria "ensinado aos trabalhadores a valorizar o Estado". Eles formulam a posição de Marx como se Marx tivesse pregado por princípio uma nocividade de qualquer Estado, como se ele tivesse pensado o Estado apenas como um órgão de exploradores, como se, para Marx, o Estado fosse absolutamente desnecessário para o socialismo.

O erro de Marx, afirma o fascista Höhn, consiste no fato de que ele não vê um Estado no qual a classe operária "se tornaria uma nação". Graças ao marxismo, a classe trabalhadora se tornou tão inimiga do Estado quanto da democracia liberal. "O marxismo é pura e simplesmente uma das variações democrático-liberais da atitude supostamente de negação em relação ao Estado." A distorção e a ignorância explícita montam aqui pilares hercúleos.

Em seu livro ora citado, Höhn afirma que a doutrina científica de Marx, em geral, é uma massa estranha, incompreensível. Dela, apreende-se apenas o curso espontâneo da concentração de capital somada à inimizade em relação a qualquer Estado. Os operários alemães, segundo a opinião desse autor, devido ao fato de se formarem no marxismo, nunca se ocuparam da questão de como devem encarar um Estado no qual poderiam viver, mas se interessam exclusivamente pela questão de qual seria a melhor maneira de derrubar o Estado e passar à sociedade sem classes, a única que pode trazer felicidade e paz.

Aqui, vemos uma flagrante distorção e uma flagrante ignorância. Marx e os marxistas são desvirtuados sem cerimônia. Prescindem e suprimem completamente o estudo da ditadura do proletariado e da prática do Estado soviético. Marx é transformado num sonhador encantado da sociedade sem classes. O restante é riscado. É compreensível que o supracitado doutor em direito Höhn lamente os sociais-democratas estarem imbuídos dos ideais do Estado de direito liberal e do parlamentarismo, mas, em essência, negarem o Estado.

É verdade que ele reconhece nos sociais-democratas certos vislumbres de compreensão do conceito de Estado. Nesse sentido, deposita especiais esperanças na burocracia sindical. "Nos sindicatos" – escreve ele – "cresce um tipo diferente de operários, que forja ele mesmo seu próprio destino contra a doutrina marxista"[9]. Alegram particularmente o fascista doutor em direito as façanhas do cão sanguinário [Gustav] Noske. Höhn cita com satisfação seu decreto determinando que qualquer um que seja apanhado com arma em punho será fuzilado. A social-democracia, nesse caso, declara aprovação a esse fascista, não apenas sem compreender o que é esse Estado, mas ainda manifestando prontidão para combater em nome dele. É interessante que esse fascista oponha a Marx ninguém menos que [Ferdinand] Lassalle.

"Ao mesmo tempo, enquanto Marx" – escreve o fascista – "não pode dar ao operário nada além de esperança numa maravilhosa sociedade futura sem Estado, que, segundo sua concepção, por necessidade natural, se desenvolve como consequência do sistema capitalista, Lassalle deseja cumprir a aspiração da classe operária no próprio Estado, ele quer o Estado social-popular". É possível encontrar essa mesma contraposição de Lassalle a Marx no social-democrata [Heinrich] Cunow.

Dessa maneira, aqui, os teóricos fascistas e os sociais-democratas se abraçam e voltam os olhos para Lassalle, contrapondo-o a Marx.

V. O Estado fascista "verdadeiramente germânico"

O que os fascistas propõem no lugar do Estado parlamentar? A resposta decorre da concepção ideológica que apresenta como o único remédio para todos os males esse coletivismo – o *"Gemeinschaft"*. "A classe" – reflete Höhn – "é sempre algo por superar, e o objetivo – a comunidade nacional, popular – é a *Gemeinschaft*". Certa vez, segundo a opinião de Höhn, essa tarefa foi decidida pelo absolutismo. O monarca suprimiu as camadas e sancionou sua unidade, sua ditadura. Teoricamente, Höhn considera essa possibilidade também para o momento presente. Ele não renuncia à ditadura de uma personalidade forte que, apoiando-se em seus adeptos, estabelece a ditadura. Mas essa forma da "jovem Alemanha" representa algo que não é condizente com o espírito "nacional" alemão. Isso, supostamente, seria bom apenas para os italianos. Não contavam com o êxito do Mussolini alemão. É por isso que Höhn embarca em um raciocínio nebuloso sobre a forma germânica ancestral, em que os princípios "da unidade e da direção"

---
[9] Ibidem, p. 72.

tinham um "fundamento germânico". Höhn monta uma escada histórica desde a democracia germânica antiga, passando pelo absolutismo e pela democracia liberal, para voltar à forma ancestral. Ele está pronto para deixar o Reichstag, mas apenas como representante de interesses econômicos. Para a representação política, é preciso inventar outra coisa. A organização estatal futura é descrita pelos Jovens Alemães como um tipo de sistema de "comunidade de vizinhos". Propõe-se construir todo o Estado baseado em um sistema de pequenos territórios de células ou de organizações de vizinhos com círculos orgânicos estreitos de participantes, em que todos se conhecem e conhecem quem os governa. Nesse caso, referem-se, em primeiro lugar, à correspondência com aquele sistema cujo princípio é o coletivismo em contraposição ao princípio da "sociedade" e, em segundo lugar, ao fato de que todos se conhecem mutuamente, na medida em que decorre da experiência da guerra ou de organizações militares, em cuja base está o elo, ou seja, aquela unidade por meio da qual um está soldado ao outro de modo estreito. Se antes tal desmembramento era possível com base nos laços sanguíneos ou na ascendência, agora é possível, na opinião dos fascistas, apenas com base na vizinhança. A organização vicinal deve atenuar as diferenças que surgem com base nos interesses econômicos. Tal ideia utópica dos fascistas, que eles mesmos nomeiam de forma romântica, na prática, encerra uma profunda demagogia, misturada a uma boa dose de estupidez. Todos os que vivem nas cercanias devem estar imersos em uma forma determinada de organização, essas vizinhanças de organizações devem constituir a menor parte do Estado.

Tudo isso se coloca como uma receita para a "superação da humanidade burguesa", da pessoa particular, que não se importa com os interesses comuns, que apenas de tempos em tempos ativa-se politicamente. Os fascistas lançaram a palavra de ordem da atividade política permanente, apoiam-se na posição desenvolvida pelo estudioso do Estado berlinense [Rudolf] Smend, que critica toda a velha constituição normativa do Estado e, em particular, a teoria formal de [Hans] Kelsen. Smend afirma que o Estado é uma organização viva, a qual se afirma na prática e existe apenas à medida que se confirma diariamente e se renova na prática. Tal renovação diária constitui, ainda, a essência da organização estatal. A essa ideia os fascistas se agarram, declarando que cada indivíduo deve participar da organização vicinal, que essa participação deve ser uma obrigação estatal, um serviço estatal para cada um, que o cumprimento dessas obrigações deve formar o cidadão. Os fascistas contrapõem essa formação prática, a formação pelo dever, àquela formação política que a democracia liberal tenta realizar por meio de palestras e manifestações.

As células vicinais realizam um sistema particular de seleção de líderes construído na combinação entre eleição e aprovação de cima. Ao mesmo tempo, idealizam um sistema de representação indireta de baixo para cima. Isso se desenha da seguinte maneira: as células inferiores escolhem seu dirigente, que deve viver obrigatoriamente com sua célula, deve ser membro dessa célula. Os fascistas destacam que, nesse caso, quem elege não é a massa dispersa, mas o coletivo. A direção das células inferiores forma um círculo dirigente e destaca o dirigente distrital. Os dirigentes distritais constituem a direção da região, e assim por diante, até a direção do Império. Com isso, todos os dirigentes não apenas devem ser eleitos, mas devem ainda receber aprovação do alto, com exceção do dirigente supremo que, pelo visto, é aprovado por si mesmo. A esse sistema os Jovens Alemães dão o nome de combinação "dos princípios de Weimar e Potsdam".

Adquire um significado especial o fato de as eleições não terem um prazo determinado de validade. O eleito permanece no posto enquanto gozar de confiança; ele perde seu título e seu posto apenas quando perde a confiança. Isso deve, na opinião dos fascistas, proporcionar a durabilidade da organização política, enquanto no parlamentarismo todo o conjunto de representantes perde suas atribuições de uma vez e no mesmo momento, o que ocasiona interrupções na direção política. O novo regime deve, na opinião dos fascistas, "colocar fim na época liberal, época de discussões, e dar início à época da direção".

VI. Teoria da "paz social" e associações militares

A questão, como vemos, coloca-se como uma receita que não se refere à essência, ou seja, às bases socioeconômicas da sociedade. Essas bases permanecem as mesmas. Altera-se apenas a superestrutura política. De onde virá a superação dos interesses econômicos contraditórios e, dessa maneira, do povo, fragmentado em classes, ao ser convertido em um único coletivo – no "*Gemeinschaft*"?

Aqui, os teóricos subordinados do fascismo se agarram à ideia de um mito – um mito social desenvolvido pelo teórico do sindicalismo [Georges] Sorel. Tal ideia de Sorel foi adaptada pelo fascismo italiano, e, agora, alguns teóricos do fascismo alemão a propagandeiam e constituem sua base. "O mito," – afirmam – "essa imagem que foi criada do ser humano ou da classe ou do povo a partir de uma profunda convicção interna, das próprias bases da alma, de sua angústia, é uma imagem que busca libertação. Essa é a fé que move montanhas e que leva à ação"[10]. Para o sindicalista Sorel, tal mito era a greve geral; para Mussolini, a grande Itália; para os Jovens Alemães, é a "*Gemeinschaft*".

Desse modo, estamos lidando com um obscurantismo sofisticado. Esse ópio é apresentado com prudência às massas, e ademais os próprios representantes desse ópio estão conscientes de que suas ideias não podem obter uma aplicação real. Mas os teóricos fascistas acreditam que não é de modo algum importante se uma ideia é realizada ou não. Importante é estimular as massas. É esse o valor do mito social.

---

[10] Idem.

Pois bem, Mussolini não coloca a questão da possibilidade de a Itália voltar-se à grandiosa Roma antiga. Basta dizer que há pessoas que acreditam nisso e, valendo-se da fé nessa ideia de uma nação grandiosa como um mito social, empregam toda a energia para realizá-la. O mesmo fato se dá com a ideia de comunidade – "*Gemeinschaft*" – de todo o povo germânico/alemão, sem diferença de classes. Diz-se que ela reúne todas as forças, e nisso está o seu sentido.

O mito permanece, claro, um mito, mas em todas as reflexões prévias e em toda a prática do fascismo há algo extremamente real: as alianças militares. Não por acaso, o pensamento dos teóricos do fascismo retorna muitas vezes ao exemplo das organizações de guerra e adota, da prática militar, os princípios e as formas organizacionais básicas.

Essa é a novidade da contribuição do fascismo à ditadura burguesa. A novidade consiste no fato de que as velhas organizações políticas, que eram um instrumento para as campanhas eleitorais, para a luta parlamentar, para a coligação dos votos, foram substituídas por ele por organizações que estão diretamente prontas para a condução de uma guerra civil. A XI Plenária do Comitê Executivo da Internacional Comunista destaca que o capitalismo monopolista substituiu o velho sistema dos partidos políticos por organizações terroristas do capital, paramilitares e militares, instrumentos para a condução da guerra civil, sob a forma do assim chamado partido fascista único.

Quando os fascistas alemães tomam o exemplo do campo das organizações militares e com frequência se referem à experiência do *front*, não se pode ver nisso apenas uma ideologia. Aqui se tem, de fato, o significado prático que o fascismo adquire, o de poder oferecer a defesa de posições do capitalismo contra a pressão da revolução proletária.

Naquilo que se refere às bases ideológicas, os teóricos da Ordem dos Jovens Alemães puderam encontrar uma determinada fenda, pois em sua demagogia antiplutocrática alcançam, entre outros, aqueles que colocam em dúvida tanto as razões quanto o sentido da guerra de 1914-1918. Eles escrevem, por exemplo, coisas como: "Quem desatou essa guerra? Vimos muito claramente que ela surgiu de interesses econômicos, que a disputa dos reis da economia por bilhões custou o sangue e a vida de milhões". E, por sua vez, a experiência da guerra imperialista, na concepção deles, criou as bases para o Estado futuro, "porque aquela geração que foi ao *front* viu uma única nação, viu que todos eles são parte de um povo, eles lutam entre si em tempos normais, mas aqui se uniram em um único todo, defendendo todos aqueles que lhes são caros e valiosos".

Há, entretanto, uma evidente discrepância; ambas as citações foram tomadas do único e mesmo autor: Höhn. Um coletivo que nasceu no *front*, mas que, segundo suas palavras, é um rebanho que irrefletidamente partiu para a matança em nome de interesses bilionários que lhe são alheios. Há uma evidente falsidade aqui. Mas, nesse sentido, os teóricos da Jungdo em nada se diferenciam dos sociais-democratas. Estes também são, nas palavras, contra a guerra imperialista, mas, na prática, propagandeiam sob sua bandeira a defesa da pátria e a luta contra o "imperialismo vermelho".

As associações militares como forma organizada possuem agora uma pequena vantagem: permitem mobilizar para a luta política toda a juventude, pois, se compararmos as atividades dos velhos partidos burgueses parlamentares, veremos que o papel decisivo nesses partidos e na atividade política pertence, geralmente, à velha geração. A juventude se mantém "fora da política".

Pelo contrário, em organizações militares e paramilitares, em todas essas associações, "Capacete de Aço"[11], Jungdo etc., unidos pela disciplina militar, mobiliza-se a juventude burguesa e pequeno-burguesa. Ela se organiza e se vale da burguesia como tropa de elite contra o proletariado. Aqui, formam-se os espíritos no companheirismo e na disciplina, dá-se o treinamento de combate, desenvolve-se a preparação para colocar em marcha a violência.

É preciso assinalar, em especial, que as associações militares serviram no período de guerra civil aberta contra a classe operária. É característico que os teóricos do fascismo, enquanto se adéquam ao ponto de vista "sociológico geral", matriculam-se nessas associações e na "Aliança da Bandeira Republicana", da qual participam os sociais-democratas, considerando que em todas essas uniões há algo em comum, que as aproxima do fascismo italiano. Eles denominam suas organizações a defesa da unidade da nação. Para nós, evidentemente, isso é o rearmamento da burguesia para a guerra civil.

VII. Princípios econômicos do fascismo

Todo o absurdo sobre o mito social, sobre a "geração do *front*", que supostamente se formou agora, que não conhece diferença de classes e que foi penetrada pela ideia do "*Gemeinschaft*" – tudo isso se dissipa como fumaça quando ingressamos no programa econômico. Aqui, fica claro que toda a demagogia antiplutocrática não passa de frases vazias.

O significado do fascismo no terreno puramente econômico sempre se amplia. Podemos notar também em nossa literatura soviética um entusiasmo por algumas realizações especiais do fascismo no campo da política econômica. Aqui, sem dúvida, refere-se à influência da colocação não dialética de [Nikolai] Bukhárin da questão do capitalismo de Estado como uma fase superior natural do capitalismo monopolista, a qual se toma sem quaisquer contradições internas.

---

[11] Referência à organização paramilitar Stahlhelm, Bund der Frontsoldaten [Capacete de Aço, Liga de Soldados do Fronte].

O capitalismo de Estado, ou seja, a regulação pelo Estado burguês do capitalismo, não é encarado como uma expressão enorme do agravamento das contradições em tempos de guerras e de crises apenas para ser encarado exclusivamente do ponto de vista do crescimento das forças produtivas. O capitalismo de Estado é interpretado como uma forma superior, porque reflete um estágio superior de desenvolvimento das forças produtivas, quando, na verdade, na atuação histórica, o capitalismo de Estado não apenas expressa um estágio superior do desenvolvimento das forças de produção, mas ainda um estágio superior do agravamento da contradição, a forma superior da expressão da incapacidade da burguesia de dominar as forças produtivas que ela chamou à vida. A doença, a impotência, a decomposição do capitalismo no capitalismo de Estado se manifestam de uma forma particularmente vívida. Disso se esquecem com frequência, colocando a questão de maneira simplificada, idealista, partindo da representação do desenvolvimento retilíneo do capitalismo industrial, passando pelo monopolista, até chegar ao capitalismo de Estado. Com isso, atribuem ao fascismo alguns traços particulares de ordem positivamente construtiva.

Em termos de autocrítica, é preciso dizer que, na revista *Rievoliútsia prava* [Revolução do direito], de janeiro de 1929, foi incluído o artigo de Silbernstein, no qual uma série inteira de formulações revela-se claramente equivocada, expressando confiança em alguns dos êxitos do fascismo. Ali, entre outras coisas, lemos: "A análise da atividade concreta do fascismo em três direções – econômica, social e política exterior – confirma que o fascismo tem traços inerentes de ordem positivamente construtiva, mas de modo algum no sentido de que ele resolve a questão social em benefício das direções [ainda bem!]. Pelo contrário, o compromisso objetivo de sua atuação é a tentativa de elevar a economia capitalista da Itália a um estágio superior de desenvolvimento".

Em outro lugar, lemos: "De um ponto de vista histórico geral, o fascismo vai abrir o caminho para um crescimento ilimitado do capitalismo na Itália, eliminando todos os obstáculos que se enraízam na base econômica do Estado, bem como na superestrutura política".

E isso se fala no período da crise geral do capitalismo no pós-guerra, isso se fala sobre o estágio de decomposição do capitalismo. Ocorre que não há nenhuma decomposição e nenhuma morte do capitalismo; em vez disso, apresenta-nos "traços de ordem positivamente construtiva" e algum "caminho para um crescimento ilimitado [!] do capitalismo".

Claro que o grande erro do nosso lado foi ter incluído esse artigo. É verdade que escolhemos a série das formulações mais odiosas, mas ocorre que essa operação foi insuficiente, pois, quando se retorna a esse artigo, se vê que restam ainda formulações completamente equivocadas e reformistas.

Voltando ao programa econômico do fascismo, encontramos contradições peculiares ao capitalismo de Estado imperialista. A própria burguesia sente que o desenvolvimento das forças produtivas aperta os laços dessas contradições e, por isso, vai de uma estreita interferência do Estado nas relações econômicas à proclamação da liberdade, ao cancelamento de quaisquer limitações e de todo tipo de interferência do Estado. A burguesia não pode e não poderá ter uma única linha de resistência na questão do capitalismo de Estado, pois não tem e não pode ter um capitalismo organizado. Tudo reside no fato de que a burguesia se despedaça em contradições, e qualquer uma de suas tentativas de intervir nas relações econômicas, de regular o capitalismo, apenas agrava ainda mais todas essas contradições. Vimos esse balanço, que se manifesta tanto na política prática quanto nas teorias fascistas. Podemos encontrar em um mesmo teórico hinos à economia "de associações", em que o papel dominante é desempenhado pela política, e gritos contra a regulamentação, que anunciam… fusões vis com o capital bancário judeu. Assim, por exemplo, Hitler declara em seu livro *Mein Kampf* [Minha luta] que todo o capitalismo de guerra não passa de "um instrumento que os judeus criaram para estrangular a livre economia alemã".

Por isso, não se pode esperar qualquer laço dos trabalhadores com esses fascistas, que por especialidade não são economistas, mas filósofos ou juristas. Aí, encontramos a acusação de burguês, para quem a economia está no primeiro plano e todos os pensamentos e as ações visam apenas o lado material. A rentabilidade da empresa – a lei que tudo subordina – é a cultura e a política. Para o burguês, tudo é supostamente indiferente, tudo é negado, tudo é colocado sob suspeita, e há apenas um absoluto, como uma divindade, e isto é: o lucro. Ao figurar uma pintura clara do egoísmo econômico do burguês liberal, Höhn irrita-se com a seguinte passagem: "Essa é a profunda essência interna do burguês, infundado e auto-outorgado, que coloca acima de tudo seu próprio eu". Mais adiante, afirma que "o verdadeiro democrata jamais poderá aceitar a primazia da economia", que "o verdadeiro democrata e o verdadeiro alemão não podem admitir a primazia da economia, seja ela capitalista ou socialista".

Tudo isso é palavrório, pois, quando é necessário tirar disso conclusões concretas, tem-se algo incompreensível. A propriedade privada permanece, a economia individual permanece, mas ela, visivelmente, não terá um "objetivo próprio", ela será um meio para a comunidade. Propõem-se, finalmente, princípios absolutamente fantásticos da "superioridade da comunidade de sangue sobre o pacote de ações anônimas". Isso já é um tal absurdo que os respeitáveis banqueiros que financiam o fascismo certamente riem quando leem tais disparates.

Os Jovens Alemães fazem de conta que conhecem o segredo da estrutura política, de que ela não seria uma ditadura de determinada classe. Eles citam uma diferença sutil entre seus ideais políticos e a "ditadura plutocrática". Ali, vejam só, tem lugar apenas "o triunfo de uma única força econômica" sobre as demais, mas não se obtém nenhuma unidade política. O socialismo é, na opinião deles, também uma ditadura da economia, apenas com sinal invertido. Os Jovens Alemães querem provar que eles, junto a outras organizações fascistas, atuaram como sicários contra os operários revolucionários, eles não estavam defendendo a ditadura plutocrática. Eles, vejam só, queriam, pelo contrário, "subordinar a economia ao Estado". Com uma mentira demagógica, encobrem seus laços estreitos com o capital monopolista. As declarações de que "o verdadeiro alemão", "o verdadeiro democrata" e "o verdadeiro fascista" não admitem a primazia do capital sobre a política soam agora ridículas, quando a crise econômica quebra os ossos do sistema capitalista. Os decadentes doutores em direito declaram que eles não satisfizeram a primazia da economia. Pensam que os capitalistas também não queriam "admitir" a primazia da economia, pois essa primazia encontra agora expressão na crise. Mas tudo se trata, pois, do fato de que nem os capitalistas nem seus representantes podem vencer a crise.

Também são vazias as reflexões de que, no Estado futuro, as leis e outras medidas eliminarão a violação da igualdade política, que emerge da acumulação da riqueza em algumas mãos. Essa promessa, há muito e de maneira generosa, foi propagada não apenas pelos fascistas, mas ainda por outros partidos burgueses.

Toda essa bastante complexa construção ideológica edificada pelos fascistas tem um único objetivo: manter sob o poder da burguesia, do Estado burguês, as camadas intermediárias que podem conquistar o proletariado e que devem conquistá-lo. Por isso, a tarefa reside agora em desmascarar a demagogia fascista, reconquistar as massas insatisfeitas, a pequena burguesia, o campesinato, as camadas operárias isoladas inconscientes, e colocá-los sob a bandeira da revolução proletária.

Esse processo já está em curso. O colapso captura até mesmo os fascistas ativos. Há muito os jornais vêm informando do modo característico como organizações fascistas de combate residem e se encerram na fortaleza junto aos comunistas, e sob a influência de suas discussões, rompem com o nacional-socialismo e ingressam nas fileiras do partido comunista. A decomposição, a desintegração entre os fascistas está em curso e vai se aprofundar à medida que, para a pequena burguesia adepta do fascismo, se tornar clara toda a falsidade de sua demagogia antiplutocrática. Uma figura característica é o acadêmico Lenz: nacionalista que, contudo, em política externa orienta-se inteiramente pela União Soviética e, sem reservas, liga a libertação nacional da Alemanha à libertação social, com a revolução proletária, colocando-se abertamente contra as campanhas antissoviéticas, contra os nacionais-socialistas. Entre os artigos publicados no jornal *Vorkämpfer*, há um que é interessante e se encontra a meio caminho entre Hitler e o comunismo.

O autor do artigo também começa com o *front*, com aquela ideologia que foi criada no tempo da guerra mundial. Ele fala sobre o abismo que foi criado em sua consciência entre os conceitos de *front* e de retaguarda. A retaguarda, em sua representação, é personificada por especuladores, vigaristas, patriotas, comensais no café, trabalhadores indispensáveis para a defesa, os que defendem a guerra até a vitória final etc. Fala, mais adiante, que o internacionalismo, para ele, é um princípio encarnado nos sociais-democratas da Entente e, por isso, foi construído de modo hostil. Vimos que o autor diz que o novo Estado, que surgiu como resultado da Revolução em 1918, abriu caminho para a dominação mais descarada do capital. Isso fez de nós espontaneamente inimigos do capital. Primeiro, não entendemos, diz ele, que isso é socialismo, porque o socialismo, personificado pela social-democracia, traíra tanto a classe pobre quanto a Alemanha, pois entrou em acordo com o capital da Entente. "Para nós, está claro que não temos nada em comum com a burguesia e seu sistema, que podemos caminhar junto apenas dos operários conscientes, mas nunca contra eles". "Ficou claro" – continua ele – "que fomos encurralados em um caminho falso, que partimos o crânio daqueles que não tinham nada, tanto quanto nós também não tínhamos nada, e o benefício disso foi recebido, de todo modo, pelo capital".

É essa a conclusão que faz esse nacional-socialista, partindo de Hitler. Essa conclusão mostra o caminho da decomposição e do abandono dos companheiros de viagem, os quais, sem dúvida, o Partido Comunista saberá separar das fileiras do fascismo. A intensificação desse processo depende exclusivamente da energia com a qual se desenrolará a luta do proletariado.

O sucesso da edificação do socialismo entre nós, na União Soviética, e uma intervenção poderosa do partido comunista no Ocidente – eis o que, antes de tudo, esclarecerá as consciências. Ao lado dessa indispensável luta ideológica, é imprescindível estudar, desmascarar a ideologia fascista. Em parte, em relação a essa teoria do Estado, a tarefa recai sobre nossa equipe em primeiro lugar.

Como os sociais-fascistas falsificaram os sovietes na Alemanha*

Sobre as atas do I Congresso Alemão de Deputados Operários e Soldados

As atas do I Congresso Alemão de Deputados Operários e Soldados, realizado em dezembro de 1918, representam documentos de grande significado histórico e político. Seria, claro, um erro profundo considerar esse Congresso, no qual o partido decisivo foi o dos scheidemannistas, como exponente dos sentimentos e da vontade do proletariado revolucionário da Alemanha. O poderoso movimento de massas dos operários e dos soldados avançados, mais conscientes e mais revolucionários, proveniente das palavras de ordem da Liga Espártaco, encontrou uma representação muito fraca no Congresso. As ondas revolucionárias se levantaram fora das paredes do Congresso. Apenas temporariamente invadiram a sala de reuniões na forma de delegados dos regimentos revolucionários e de operários revolucionários de Berlim, com demandas que causaram a ira e o pânico na maioria do Congresso.

Em geral, o curso do Congresso, os debates e tudo o que se sucedeu ali oferecem um quadro completo da tática traidora calculada, com a ajuda da qual a social-democracia falsificou os sovietes e preencheu essa forma de organização das massas revolucionárias com um conteúdo radicalmente hostil a ela, convertendo os sovietes em cúmplice e máscara da contrarrevolução.

"Conhecemos os casos" – disse o camarada Stálin – "em que os sovietes de deputados operários e soldados apoiaram, em um determinado período, a contrarrevolução. Foi assim em nossa União Soviética, por exemplo, em julho de 1917, quando os sovietes eram dirigidos pelos mencheviques e SRs e encobriram a

---

* Publicado em E. B. Pachukanis, "Как германские социал-фашисты фальсифицировали Советы [Como os sociais-fascistas falsificaram os sovietes na Alemanha], em Советское Государство [Estado Soviético], n. 6, 1933, p. 21-39. (N. E.)

contrarrevolução. Foi assim na Alemanha no fim de 1918, quando os sovietes eram dirigidos pela social-democracia e encobriram a contrarrevolução"[1].

As atas do Congresso mostram com clareza como, no momento decisivo da revolução alemã, a social-democracia salvou o capitalismo, organizando as forças de reação burguesa e preparando o triunfo futuro do próprio fascismo. Nenhum dos partidos burgueses naquele momento podia tomar para si esse papel, não porque eles estavam mais comprometidos que o partido de [Friedriech] Ebert e [Gustav] Noske, mas porque nenhum deles manifestou a mesma capacidade de manobra com tal habilidade de "mudar os marcos" que os scheidemannistas. Além disso, nenhum partido burguês dispunha de modo tão poderoso e bem-ordenado de organizações de massas abarcando forças significativas da classe operária, as quais estavam à disposição da social-democracia, apoiando-se não apenas no aparato partidário, mas também sindical. Nenhum partido burguês estava em condições de submeter à sua direção os sovietes, essas organizações decorrentes da influência da Revolução de Outubro, que gozavam de autoridade incondicional aos olhos da esmagadora maioria da população.

A vida e a morte do capitalismo alemão dependiam do êxito ou do fracasso em falsificar os sovietes, em convertê-los de centros organizativos da revolução proletária, de órgãos do novo poder revolucionário, apoiado no proletariado armado e nas massas de soldados revolucionários, em salões de debates inofensivos (para a burguesia), em uma cobertura, em um biombo para a contrarrevolução.

A social-democracia foi capaz de cumprir essa tarefa, pois ela dispunha do aparato diversificado e experiente das organizações partidárias e sindicais. No início da guerra de 1914, a social-democracia tinha cerca de 1 milhão de membros; no período da guerra, ela sofreu perdas quantitativas – perdeu particularmente um terço em favor da social-democracia "independente"; de todo modo, em suas fileiras permaneceram menos da metade dos membros. Nas eleições de 1919, os scheidemannistas reuniram 11,5 milhões de votos. As assim chamadas uniões profissionais "livres", dirigidas por representantes do oportunismo mais inveterado e aberto, contavam 4 milhões de membros. Todo esse aparato, toda a influência que conservara, a social-democracia empregou no sentido de capturar os sovietes, submetê-los à sua direção, falsificá-los e neutralizá-los.

Duas circunstâncias foram utilizadas de modo amplo pela social-democracia em sua luta contra a revolução proletária: a presença, na classe trabalhadora da Alemanha, de preconceitos democrático-burgueses firmemente enraizados e o desejo de paz que tomava conta de amplas massas do povo. No comportamento da

---

[1] Josef Stálin, *О работе в деревне: речь на январском пленуме ЦК и ЦК ВКП(б)* [Sobre o trabalho na aldeia: discurso no *plenum* de janeiro do Comitê Central e do Comitê Central do PCUS], 1933.

social-democracia alemã, é possível encontrar a confirmação brilhante das palavras de Engels sobre o fato de que, durante a revolução proletária, a bandeira da "pura democracia" torna-se o último refúgio de todas as forças contrarrevolucionárias.

Sob frases democráticas conduzem-se ataques contra os sovietes; a palavra de ordem da assembleia constituinte, que supostamente expressa "a vontade de todo o povo", serve de biombo com cuja ajuda se organizam as forças armadas da contrarrevolução, os destacamentos de Noske por meio dos quais os capitalistas impõem sua vontade aos trabalhadores da Alemanha. As atas do Congresso demonstram claramente essa tática, o seu, por assim dizer, lado solene direcionado para as massas.

Contudo, nas atas do Congresso, para além dos bastidores democráticos borrados e das magníficas frases "sobre a vontade popular", é possível encontrar o outro lado da questão: ali está refletida uma luta tenaz e obstinada pelo poder real que se concentrou nas mãos do triunvirato Ebert-Scheidemann-Noske. Esse poder foi apoiado por toda a burguesia, que vira em Ebert-Scheidemann-Noske a única âncora de salvação. Ainda que não tenhamos outros materiais, de acordo com as atas podemos deduzir que tipo de contato, desde os primeiros dias, foi estabelecido entre os scheidemannistas e os generais contrarrevolucionários liderados por Hindenburg. Como consequência, na época dos assim chamados Processos de Munique de 1925, o general [Wilhelm] Groener falou detalhadamente sobre esse acordo. As atas refletem – é verdade, indireta e insuficientemente – os processos de concentração das forças reacionárias, a preparação da derrota armada dos destacamentos avançados do proletariado, as tentativas de dissolução dos sovietes, a proclamação de uma ditadura militar.

Ao lado do engano democrático, os representantes dos socialistas valem-se amplamente das ilusões pacifistas. Esses lacaios do imperialismo alemão, proeminentes na época da guerra por serem os mais desenfreados anexionistas, erguem palavras de ordem de paz como um meio de luta contra a revolução. "Para selar a paz com a Entente, é preciso restaurar a ordem!". "Para concluir a paz, é preciso que a fundação da Entente nunca aceite a Alemanha Soviética: todo poder aos sovietes quer dizer a continuidade da guerra" – esse é o motivo que repetem, em diferentes tons, os scheidemannistas nos relatórios e debates.

A burguesia alemã, pela experiência de nossa Revolução de Outubro, foi capaz de se convencer da força que a palavra de ordem de suspensão da guerra imperialista representara nas mãos dos bolcheviques. Só isso, independentemente da completa derrota do militarismo alemão, impeliu a burguesia a tirar o trunfo da paz das mãos da revolução e jogar com o desgosto das massas pela guerra segundo os interesses da reação. Essa tarefa os sociais-democratas tomaram para si como verdadeiros lacaios do capital.

As atas do I Congresso mostram como a social-democracia cumpriu a tarefa de salvação do capitalismo. Ao lado de uma traição cínica e oportunista dos scheidemannistas, as atas descrevem ainda o desprezível papel dos "independentes", os quais também traíram a revolução proletária, enganando, assim, a si mesmos e aos operários com a retórica revolucionária. Na "Carta aos trabalhadores da Europa e América", Lênin escreveu sobre esses senhores:

> Entre os espartaquistas e os scheidemannistas vacilantes, "kautskistas" sem caráter, correligionários de Kautsky, "independentes" nas palavras, mas, na prática, *dependentes*, completamente, e hoje em dia em toda a sua linha, da burguesia e dos scheidemannistas, amanhã dos espartaquistas, uma parte que vai primeiro, outra que vai em seguida, pessoas sem ideias, sem caráter, sem política, sem honra, sem consciência, a encarnação viva da confusão dos filisteus, nas palavras se colocam ao lado da revolução socialista; na prática, foram incapazes de compreendê-la quando ela teve início e defendem de modo renegado a "democracia" em geral, ou seja, na prática defendem a democracia *burguesa*.[2]

Nesse contexto de traição, com frequência diferenciam-se os discursos corajosos e verdadeiramente revolucionários daqueles poucos representantes da Liga Espártaco que tomaram parte no Congresso. Dos discursos, apreende-se o humor das massas, daquela massa de 100 mil operários berlinenses, hamburgueses, russos que atenderem ao chamado caloroso de [Karl] Liebknecht.

Porém, é preciso estudar as atas do Congresso não apenas para se entusiasmar com os discursos revolucionários desses expoentes do proletariado alemão, mas para considerar os erros admitidos pelos espartaquistas. As principais raízes desses erros encontram-se nos luxemburguistas, naquelas teorias e orientações antibolcheviques que foram características das assim chamadas "esquerdas" alemãs.

O principal desses erros foi a valorização da espontaneidade, a negação do papel organizativo do partido na preparação prática da insurreição armada, e, junto a isso, a invasão do sectarismo, que se expressou de maneira particularmente evidente na palavra de ordem "fora sindicatos". A situação em que os scheidemannistas lograram tomar os sovietes nas mãos destaca, de maneira particularmente clara, a agudeza dos que colocaram ao partido comunista a tarefa da conquista da maioria da classe trabalhadora.

Outra fonte de debilidade foi a tentativa de conservar a unidade com os independentes: isso atrapalhou a denúncia de kautskistas, desorientou os trabalhadores, impediu a luta bem-sucedida pela exclusão de oportunistas dos sovietes. A própria luta pela influência nos sovietes não foi desenvolvida da maneira devida. Os discursos dos espartaquistas sobre a questão do poder dos sovietes e da assembleia constituinte não continham uma crítica precisa e clara da democracia burguesa e refletiam uma ambiguidade sobre a questão fundamental da revolução: a ditadura do proletariado. Isso também é resultado do peso morto da ideologia social-democrata.

---

[2] v. 23, p. 498

A situação revolucionária na Alemanha em novembro de 1918 cresceu sobre a base de uma incrível exacerbação das contradições de classe, que produzira a guerra de 1914-1918. A derrota militar do imperialismo alemão foi a razão direta da crise revolucionária. Mas nela podemos encontrar a expressão de profundas contradições peculiares do desenvolvimento superior do capitalismo, ultrapassando seu estágio monopolista, o qual já tinha assumido, na época da guerra, a forma do capitalismo de Estado. A Alemanha, com a potência de sua indústria, com a técnica avançada, com uma numerosa classe operária, com organizações atrativas poderosas, *está objetivamente madura para a revolução socialista*. Está mais madura que qualquer outro país da Europa ocidental. A revolução alemã não pode ter quaisquer outras tarefas históricas além das socialistas, qualquer outro conteúdo de classe além do proletário. As tarefas da revolução democrática genérica foram resolvidas há um bom tempo. Depois de 1871, como escreveu Lênin, "é morta a questão da revolução democrática genérica na Alemanha"[3]. Ao analisar os acontecimentos revolucionários de 1918-1919, é preciso ter em vista esse fundamento. Os trabalhadores, soldados e marinheiros, ao derrubar a monarquia da casa de Hohenzollern, aplicaram um golpe direto na Alemanha imperialista, aplicaram um golpe contra o domínio da burguesia. O surgimento espontâneo dos sovietes dá mostras bastante claras disso. Nisso está o centro dos acontecimentos históricos, não a mudança do regime da monarquia de Guilherme II para o parlamentarismo de Weimar.

Escreveu Lênin:

> A revolução na Alemanha, que é particularmente importante e característica de um dos mais adiantados países capitalistas, de repente assumiu as formas "soviéticas". Todo o curso de desenvolvimento da revolução alemã e, em especial, a luta dos "espartaquistas", ou seja, dos verdadeiros e únicos representantes do proletariado, contra a união da canalha traidora, dos [Philipp] Scheidemann e dos [Albert] Südekum, com a burguesia – tudo isso mostra claramente como está *colocada* a questão da história em relação à Alemanha: "o poder dos sovietes" ou o Parlamento burguês, sob quais fachadas (o tipo de assembleia "nacional" ou "constituinte") não se pronunciou.[4]

A crise revolucionária de novembro de 1918 foi diretamente preparada durante a guerra imperialista. A monstruosa máquina do imperialismo alemão, na continuidade dos quatro anos de guerra, sugou gota a gota o sangue do povo em nome dos interesses de um punhado de magnatas do capital financeiro, em nome de seus planos anexionistas, em nome de seu desejo do domínio mundial do imperialismo alemão.

Em um polo, a greve de fome, o sofrimento, a morte; em outro, os lucros de guerra excessivos, o peculato descarado, que esconde os interesses de defesa. Tal é o

---

[3] "Carta aos trabalhadores da Europa e América", v. 14, p. 215.
[4] "Carta aos trabalhadores da Europa e da América", v. 23, p. 496.

quadro de todos os países que tomaram parte na Guerra Mundial. Na Alemanha, onde graças ao bloqueio a população foi colocada em condições de penúria organizada, essas contradições se pronunciam com mais clareza. As contradições "normais", por assim dizer, do sistema capitalista foram exacerbadas até o limite extremo. O despotismo das classes possuidoras na Alemanha – que, muito antes de outros Estados da Europa ocidental, ainda conservavam seus ornamentos e penduricalhos feudal-absolutistas na qualidade do domínio de uma camarilha *junker*, na qualidade da monarquia de Guilherme II "pela graça de Deus" (que corresponde ao "caminho prussiano do desenvolvimento" do capitalismo) –, na época da guerra, adquiriu a forma da insuportável ditadura militar de [Erich] Ludendorff. Milhões de famílias de soldados suportaram as mais pesadas privações, milhões de mulheres ocuparam o lugar dos maridos que tinham ido à guerra e foram obrigadas ao trabalho coercitivo e intenso, recebendo de 25% a 50% do salário dos homens. Todos os decretos sobre a proibição do trabalho noturno e aos domingos deixaram de valer. O lucro dos empresários cresceu em paralelo ao dispêndio desumano da força de trabalho das mulheres e dos adolescentes na retaguarda, ao extermínio irracional de vidas humanas no *front*. A carestia, a especulação, a queda da condição de vida do proletariado, a lei de "serviço auxiliar ao Estado" de 1916, que privava os trabalhadores da liberdade de locomoção e os entregava à arbitrariedade do empresariado – tais foram os traços fundamentais que caracterizavam a situação da classe trabalhadora no momento em que se tornou claro que o imperialismo alemão não podia contar com uma vitória imediata, menos ainda com uma vitória em geral.

A indignação espontânea das massas, independentemente de toda a força dos burocratas sindicais e da maioria social-democrata, crescia e, de tempos em tempos, irrompia em enormes movimentos de massa. A agitação de Liebknecht e dos independentes de esquerda encontrou solo fértil. Em julho de 1916, a prisão de Liebknecht serviu de justificativa para a primeira greve política de massas da Alemanha, na qual tomaram parte 55 mil trabalhadores. A Revolução de Fevereiro na Rússia teve grande influência no ânimo dos trabalhadores berlinenses.

A greve de abril de 1917 abarcou centenas de milhares de trabalhadores de Berlim, Leipzig, Magdeburgo. No verão de 1917, causaram agitação na frota militar alemã as severas e opressoras perseguições e execuções. Um movimento ainda mais poderoso foi provocado pela Revolução de Outubro e pela atitude do governo soviético em relação a seu povo com a proposta de encerrar a guerra criminosa. A política de violência imperialista conduzida pelo governo alemão em Brest causou a indignação das massas trabalhadoras e levou a uma poderosa greve com protestos em janeiro. Os sociais-democratas da maioria, como cinicamente admitiu depois Ebert, "encabeçaram" a greve para estrangulá-la.

Essa tática provada, aplicaram já em novembro de 1918, em grau ainda maior. Naquele momento, quando a tentativa de enviar a frota para a morte certa provocou o levante dos marinheiros em Kiel, servindo de sinal para a revolução, os sociais-democratas da maioria já estavam sentados nas poltronas ministeriais como verdadeiros servos de Guilherme II. De imediato, tratou-se de varrer com a tempestade a revolução, assim como o cáiser, assim como o último ministro do cáiser, Max von Baden, no que a social-democracia desempenhou um papel notável. Para isso, foi preciso, num último momento, mudar os marcos e declarar a proclamação da República. Isso, como se sabe, foi executado por Scheidemann com o balcão do Reichstag em 9 de novembro, pelo que mereceu recriminações violentas de Ebert, desejoso, ainda naquele momento, de salvar a causa da dinastia de Hohenzollern. Como a social-democracia tentou salvar a monarquia até o último minuto é um fato narrado de modo bastante colorido por Scheidemann em suas memórias. Já às vésperas do golpe, Scheidemann, ao sentir que se aproximava o fracasso, deu a Guilherme II, de acordo com suas palavras, o ultimato de abdicar o trono e quis abandonar o gabinete de Max von Baden. A fração social-democrata do Reichstag não concordou nem com uma coisa nem outra. O *Vorwärts* de 7 de novembro exortava lamuriosamente Guilherme II a "fazer um sacrifício", ou seja, a abdicar, de boa vontade, o trono, referindo-se ao fato de que, naquele caso, ele já se encontrava em melhor posição que muitos alemães, pois voltara inteiro e intacto do *front* com seus filhos.

A social-democracia, com todas as forças, arrefeceu o fogo da revolução, fazendo proclamações que advertiam os trabalhadores contra "ações irrefletidas". Ainda na manhã de 9 de novembro, o *Vorwärts* clamou para que não se recorresse à greve enquanto o caminho para os acordos não estivesse fechado. A conversão dos ministros de Guilherme II em "líderes da revolução" se deu com fantástica rapidez. Ebert e Scheidemann executaram, com bastante agilidade ainda, o truque que, na época da Revolução de Fevereiro, usaram contra nós os KDs e outubristas, convertendo-se de repente em republicanos. "Essas pessoas até o último momento lutaram contra a revolução" – com indignação exclamava o independente de esquerda [Georg] Ledebour em seu discurso na primeira sessão do Congresso dos Sovietes. "Em 9 de novembro, Scheidemann levantou da cama ainda futuro ministro de Guilherme II" – continua ele e, dirigindo-se diretamente ao próprio Scheidemann, atira-lhe à queima-roupa a questão: "Você permaneceu como ministro até o último momento, desde o início da revolução, poderá você negá-lo?". "E por que não?" – com uma tranquilidade cínica devolveu-lhe a resposta Scheidemann. Na verdade: contando com a segura maioria no Congresso dos Sovietes, vinculando-se aos independentes prostituídos, segurando-se nas cordas reais do poder por meio do conluio com os generais de Guilherme II, Ebert e Scheidemann puderam escutar com plena tranquilidade os gritos histéricos de Ledebour. As manobras dos socialistas governistas, que souberam "dirigir" a revolução de novembro, tiveram êxito graças à frouxidão e à mediocridade dos dirigentes independentes do Partido

Social-democrata, que se formara organizativamente na Conferência de Gotha, em abril de 1917. Para desmascarar os scheidemannistas, minar sua influência na classe trabalhadora, vexá-los e bani-los dos sovietes, para isso, era preciso contrapor-lhes a linha revolucionária consequente do internacionalismo proletário e a luta pela ditadura do proletariado.

Disso, os dirigentes independentes não foram capazes. Eles se pronunciaram contra os socialistas governistas na plataforma de um pacifismo vago. A luta deles contra Scheidemann foi de ostentação. Eles estavam prontos para, a qualquer momento, anistiar os scheidemannistas por todos os seus crimes de guerra. Essa anistia figurou como uma "recuperação da unidade do movimento operário". Tal pregação de unidade, mais que tudo, desorientou a classe trabalhadora. Os scheidemannistas não poderiam desejar nada melhor. Sob a palavra de ordem "esqueçamos as velhas discórdias", voltaram àqueles mesmos planos pelos quais foram outrora vaiados como socialistas caiseristas e fura-greves e, em nome da "unidade" e da direção paritária, se meteram nos sovietes. A pregação kautskista mentirosa e podre da unidade obteve, nesse caso, seus frutos. Os scheidemannistas, sem temer o descrédito político por parte dos independentes, puderam com tranquilidade colocar em marcha sua máquina partidária bem organizada. "Os trabalhadores desejavam o desempenho conjunto de ambos os partidos" – escreve R. Müller – "e consideravam correto que o soviete de deputados operários fosse constituído sobre princípios paritários. E foi assim que, em algumas empresas em que os funcionários do Partido Social-democrata, que há pouco eram expulsos a pancadas quando não queriam participar de uma greve geral, agora estão se elegendo membros do soviete de deputados operários"[5].

Um papel não menos importante desempenhou o fato de que o Partido Social-democrata independente não teve uma linha unitária consequente na principal questão de toda revolução: a questão do poder de Estado. A relação negativa com a guerra uniu os independentes; mas, ainda por isso, se ocultaram, por um lado, o internacionalismo revolucionário proletário genuíno dos operários avançados e, por outro, o pacifismo pequeno-burguês apodrecido dos distintos Kautsky, Haase, Dittmann etc., combinado ao servilismo perante os representantes declarados do social-chauvinismo. Com relação à questão da ditadura do proletariado entre os independentes, houve evidentemente uma confusão escancarada. Kautsky acaba de apresentar sua brochura de renegado contra os bolcheviques, contra o poder dos sovietes, mostrando que nessa questão ele não se diferencia em nada de Scheidemann e Noske. Parte significativa dos dirigentes da social-democracia independente diferencia-se do ponto de vista de Kautsky. A ela pertenceram não apenas Bernstein, mas ainda figuras como Haase e Dittmann. Uma posição mais à

---

[5] Richard Müller, *Vom Kaiserreich zur Republik*, v. 2 (Berlim, Malik Verlag, 1924), p. 36.

esquerda, mais revolucionária, ocuparam os independentes que estiveram à cabeça dos assim chamados velhos revolucionários, da organização que surgiu ainda na época da greve de janeiro de 1918 e que desempenhou um grande papel nos acontecimentos revolucionários.

À ala esquerda pertenciam Ledebour, Däumig, R. Müller. Estes últimos estiveram ao lado do sistema de sovietes nas palavras; na prática, facilitaram a luta dos scheidemannistas pela ditadura do capital.

Enquanto os trabalhadores revolucionários dispostos, que faziam parte do Partido Social-Democrata Independente, levantaram-se, em virtude do instinto de sua classe ou pela república soviética, os dirigentes pequeno-burgueses desse partido com diligência crucificaram em palavras o sistema dos sovietes, sem embutir nos apelos qualquer declamação sobre o conteúdo verdadeiramente revolucionário (Däumig), ou inventaram projetos ridículos para incluir os sovietes no sistema da democracia burguesa. A base desses projetos estava no Partido Social-Democrata Independente em seu Congresso Extraordinário de março de 1919, ou seja, quando Noske e seus algozes já tinham logrado estrangular a revolução proletária pela metade e quando os sovietes alemães estavam às vésperas da liquidação real. A mediocridade, a covardia, a frouxidão pequeno-burguesa, a traição acobertada por uma fraseologia revolucionária – eis a essência da maioria dos dirigentes do Partido Social-Democrata Independente. E esse partido era, naquele momento, a *única* organização de massas que abarcava camadas significativas de trabalhadores revolucionários. A Liga Espártaco, em termos de organização, não significou quase nada. Sua separação dos independentes e a formação do Partido Comunista da Alemanha já haviam ocorrido no auge dos eventos revolucionários, em dezembro de 1918.

Dessa maneira, no momento decisivo, o proletariado revolucionário da Alemanha, que representava uma força poderosa, mostrou-se desarmado no sentido da liderança e da organização partidárias em relação à burguesia internacional e à alemã, que aprenderam todas as lições da Revolução Russa e agiram com crueldade calculada.

A tragédia do proletariado alemão consiste no fato de que, "na época da crise, os trabalhadores alemães não tinham um partido verdadeiramente revolucionário devido ao atraso da divisão, devido à opressão da maldita tradição de 'unidade' com o bando corrupto (os Scheidemann, Legien, David etc.) e sem caráter (Kautsky, Hilferding etc.) de lacaios do capital"[6].

No primeiro momento do colapso da monarquia de Guilherme II, quando o príncipe Max von Baden entregou as rédeas a Ebert, este último não tinha em mente nenhum soviete de deputados operários. Tomou o rumo de um governo de

---

6   Vladímir Lênin, "Carta aos comunistas alemães", v. 26, 3. ed., p. 485-6.

coalizão, envolvendo partidos burgueses, mantendo a notória "continuidade". Via algo como um "gabinete de unidade nacional".

Ebert tentou até intimidar os independentes e, em um ultimato, exigiu que participassem de um gabinete semelhante. Mas os eventos se desenvolveram em um ritmo muito turbulento. Formar um governo com partidos burgueses sem levar em conta os sovietes era claramente impossível. Enquanto Ebert, aos primeiros apelos, é indicado à população como chanceler imperial que agiria "nos limites da Constituição", seus associados mais hábeis já estavam dedicados à falsificação dos sovietes. A popularidade dos sovietes, sua difusão ampla e espontânea e sua autoridade aos olhos da esmagadora maioria dos trabalhadores rapidamente sugeriram aos sociais-chauvinistas a única tática possível: capturar os sovietes, falsificá-los, fazer deles o veículo de sua política traidora. Com isso, os scheidemannistas agiram em consonância com o alto-comando, que criou sovietes falsos, os quais se revelaram um joguete nas mãos dos oficiais contrarrevolucionários.

A imaturidade política da massa de soldados e a quantidade significativa de elementos burgueses e pequeno-burgueses entre os deputados socialistas vieram à tona na célebre reunião do circo de Busch em 10 de novembro, onde foi escolhido o assim chamado governo de comissionados populares em condição paritária: três sociais-democratas da maioria (Ebert, Scheidemann e Landsberg) e três independentes (Haase, Barth e Dittmann). Os soldados, cultivados pelos scheidemannistas, receberam o discurso de Liebknecht, que se opunha aos sociais-traidores, com gritos selvagens: "unidade", "paridade", e, literalmente, não o deixaram falar.

Dessa maneira, Ebert não era um chanceler do Reich à frente do gabinete de coalizão, mas um dos representantes – o outro era Haase – de um "governo puramente socialista" e ainda com o nome tomado de empréstimo da Revolução de Outubro (*Volksbeauftragte*: tradução ao alemão de "comissário do povo"). A mascarada foi mais longe: a Alemanha foi declarada uma república socialista, proclamou-se que todo o poder político se concentrava nas mãos dos sovietes de deputados operários e soldados. Tudo isso é uma vantagem, a promessa de socialização dos meios de produção e as saudações fraternas aos sovietes russos estavam na proclamação adotada pela mesma assembleia no circo de Busch. Deve-se notar, contudo, que o *Vorwärts* não publicou essa proclamação. Ao lado do governo dos comissários do povo, surgiu o soviete executivo de Berlim, escolhido na mesma reunião do circo de Busch, em que os dois partidos social-democratas estavam igualmente representados em paridade. Isso criou elementos de duplo centro e duplo poder. Entre o soviete de comissários do povo e o comitê executivo de Berlim, os atritos e conflitos iniciaram-se imediatamente. Os atritos começaram ainda no interior do governo. A paridade, celebrada na eleição do soviete de comissários do povo, não passava de ficção. Ebert, contando com o apoio dos militares e de toda a burguesia, sentiu-se como um "chanceler do Reich". "Com sua energia, sufocou o indiferente Haase" – observa Scheidemann com satisfação. As questões importantes – os gêneros alimentícios, a desmobilização, as negociações com a Entente – permaneceram nas mãos dos antigos funcionários.

As massas do proletariado revolucionário, ao ver o embuste, começaram a dar ouvidos à agitação dos espartaquistas cada vez mais. Em Berlim, Liebknecht organiza manifestações grandiosas, das quais participam centenas de milhares de trabalhadores, com a palavra de ordem da luta irreconciliável contra o imperialismo e os sociais-traidores, com as palavras de ordem da revolução comunista.

Vendo a crescente influência de Liebknecht, os scheidemannistas começam a se preparar para reprimir a Espártaco e os trabalhadores revolucionários, contando com militares, oficiais e destacamentos voluntários. Apressam-se para acabar com o perigoso jogo dos sovietes e para convocar uma assembleia constituinte o mais rápido possível. Com seus parceiros, os independentes, não fazem cerimônias, deixam-nos tagarelar por ora, sabendo que não será difícil livrar-se deles.

Essa é a situação geral no momento da convocação do Congresso. O convite para o Congresso, publicado no início das atas, caracteriza suficientemente todo o tom em que o Congresso foi realizado.

As frases vagas e fluidas sobre "democracia em geral", a ausência da mínima tentativa de determinar o conteúdo de classe da revolução, nenhuma palavra sobre o imperialismo, nenhuma palavra sobre a Revolução Russa, sobre seu significado e sua influência, a inclinação para a assembleia constituinte, que deve dizer a "última palavra" – tal é a orientação desse apelo, tal é a orientação da maioria dos discursos pronunciados no Congresso, tanto pelos scheidemannistas quanto pelos independentes. O partido de Ebert-Scheidemann teve, no Congresso, a maioria assegurada dos votos. Dos 490 delegados, 298 pertenciam ao antigo Partido Social--democrata; deles, 164 eram funcionários do aparato do partido e dos sindicatos. Compunham a fração dos independentes 101 delegados; no interior desta última fração, dez espartaquistas compunham o menor grupo. A maioria dos delegados de soldados sem partido votou nos scheidemannistas. Na votação decisiva, 98 delegados votaram no sistema de sovietes. Nessas condições, a troica social-democrata que liderou o Congresso (Lüdemann, Kahmann, Severing) poderia, sem trabalho, tomar qualquer decisão.

Os scheidemannistas valeram-se 100% de sua superioridade numérica no Congresso. Já na questão da composição dos órgãos de governo, revelam suas cartas. Já não empregam a paridade com os independentes. No Congresso, lograram manter dois terços de seus partidários, a esmagadora maioria de burocratas dos sindicatos e partidos. Por isso, sugerem que os independentes se satisfaçam com um terço dos assentos. Só o protesto dos soldados aponta para o fato de que os órgãos governamentais são constituídos por dois terços dos representantes dos partidos (igualmente de cada um) e um terço dos representantes da fração dos soldados.

Os scheidemannistas poderiam fazer isso com mais facilidade, já que estavam guarnecidos pela maioria dos votos dos soldados. Os scheidemannistas, antes de mais nada, valem-se de sua maioria para impedir que os líderes da Liga Espártaco entrem no Congresso. Falham duas vezes na proposta de convite a Karl Liebknecht e Rosa Luxemburgo.

"Sabemos muito bem, ao menos em Berlim, o que esperar desses camaradas" – exclama maldosamente Lüdemann. De fato, os sociais-democratas sabiam o que esperar de Liebknecht e Luxemburgo. Por isso, ainda antes do Congresso, desenvolveram uma agitação destrutiva, uma verdadeira perseguição dos líderes da revolução proletária com apelos diretos a seu assassinato. Basta lembrar do cartaz assinado pelos "Soldados do *Front*", que foi lançado por Noske:

> Trabalhadores, cidadãos!
> A pátria está perto da morte, salve-a. Ameaçam-na não de fora, mas de dentro. É o grupo Espártaco que a ameaça.
> Matem seus líderes! Matem Liebknecht! Então terão paz, trabalho e pão!

No Congresso, os líderes dos sociais-traidores preferem não revelar suas cartas sobre essa questão. De maneira jesuítica, tentam justificar sua recusa por meio de considerações objetivas: em Berlim, decidiu-se enviar ao Congresso apenas trabalhadores ligados à produção. Nessa ocasião, eles, os sociais-democratas da maioria, perderam a oportunidade de ver várias de suas figuras no Congresso. Por isso, seria injusto aceitar os dirigentes da Espártaco. Essa argumentação, costurada com fios brancos (funcionários do partido e do sindicato literalmente preenchiam o Congresso), escondia o ódio bestial dos futuros assassinos pelos líderes da revolução proletária. Os verdadeiros sentimentos irromperam em exclamações e em um rancor nefasto, que o editor servil do relatório taquigráfico não deixou de notar.

Usando descaradamente sua maioria, os scheidemannistas não se abstiveram de nenhum tipo de truque quando lhes era necessário enterrar alguma proposta contra a qual não seria conveniente votar abertamente. A maneira favorita de fazer isso era "transferir a critério do governo".

Assim coadunaram-se, por exemplo, com a proposta de Heckert de retomar as relações diplomáticas com a Rússia Soviética. Em vez de votar o conteúdo da proposta, em essência, vota-se e aprova-se uma resolução sobre a transferência dessa proposta ao governo. Os protestos dos delegados que fizeram a proposta simplesmente não são levados em consideração.

A tática dos scheidemannistas no Congresso residia, entre outras coisas, na possibilidade de conduzir seu trabalho por um caminho "tranquilo", "parlamentar". Em particular, o *plenum* tentava proteger o Congresso da pressão "das ruas", ou seja, dos trabalhadores revolucionários de Berlim e da fração revolucionária das guarnições, que se encontravam sob influência dos independentes de esquerda e da Espártaco. Ainda no primeiro dia do Congresso, na sala de reuniões, havia uma delegação de 200 mil trabalhadores revolucionários de Berlim e arredores. Essa delegação, dirigida pelos espartaquistas, apresentou a demanda que soou como o golpe de um trovão na atmosfera embolorada do Congresso: todo poder aos sovietes de deputados operários e soldados, a dissolução do soviete de comissários do povo de Ebert, o desarmamento da contrarrevolução, a criação do Exército Vermelho. É característico que o presidente, o veterano social-chauvinista Leinert, não tenha decidido adotar, em reação aos delegados, o que se chama de "tom duro".

Pelo "conteúdo" dessa resposta, revela-se o ódio frenético dos lacaios da burguesia em relação ao proletariado revolucionário de Berlim. Esse sentimento deu vazão a um dos discursos mais cínicos de Scheidemann, ao falar sobre as multidões que *"irromperam na sala cutucando o nariz com cartazes contendo a palavra de ordem 'Todo poder aos sovietes!'"*. Muitas complicações foram trazidas especialmente pela delegação das frações revolucionárias da guarnição de Berlim. Seu surgimento na sala de reuniões no quarto dia compõe um dos momentos mais dramáticos do Congresso. A delegação de dezessete regimentos revolucionários e de unidades individuais se alinhou na parte de trás da plenária com cartazes figurando as palavras de ordem "Poder de comando aos sovietes de deputados soldados" e "Desarmamento dos oficiais".

A declaração, lida por Dorrenbach, representante da famosa divisão popular da marinha, continha as mesmas demandas: poder de comando aos sovietes de deputados soldados, extinção das insígnias e desarmamento de oficiais. Os soldados exigiam que suas proposições fossem imediatamente colocadas em votação, assim como não tolerariam atrasos. Isso incendiou a atmosfera de vez. Os scheidemannistas sentiram que estavam contra a parede. Eles não se atreveram a se pronunciar sobre o mérito da proposição. Mas, evidentemente, não podiam permitir que o Congresso aprovasse por meio do voto – pelo menos para Berlim – as demandas dos soldados que tinham quebrado o antigo sistema de castas do Exército. A acuidade da proposição explica-se, ainda, pelo fato de que, mesmo antes do Congresso, fora travada uma luta feroz em torno dessa questão. Ebert e Scheidemann, que fecharam, em segredo de seus colegas do governo, um acordo com os generais, defenderam com unhas e dentes o poder dos oficiais e tentaram fazer recuar os sovietes e privá-los de qualquer influência em geral, em especial no Exército. Os soldados e marinheiros, pelo contrário, exigiram que o comando do poder fosse transferido aos sovietes; o 53º comitê dos marinheiros de fato submeteu a seu controle a marinha. Esse comitê era uma monstruosidade aos olhos dos scheidemannistas, em particular depois que se descobriu que nele predominavam politicamente as tendências de esquerda e depois de falhar a tentativa de Scheidemann de levá-lo para seu lado.

O mesmo fato se passou com a divisão popular da marinha, que tinha se formado nos dias da revolução em Berlim e teve seus dirigentes eleitos. A princípio, os scheidemannistas exaltaram essa parte como um pilar da ordem e um modelo de disciplina, mas, quando se descobriu que politicamente os marinheiros se orientavam pelos independentes, contra a divisão da marinha, iniciou-se uma perseguição frenética.

Depois da leitura da declaração da guarnição de Berlim, a direção do Congresso tentou sua tática habitual: esconder esse documento por baixo dos panos. O presidente, como de costume, informou que a votação não poderia acontecer imediatamente. Mas não foi o que ocorreu. Na sala, ergueram-se protestos, gritos, exigências de resolução imediata. Os sociais-democratas da maioria colocaram (como representante dos soldados do *front*) um tal de Koim, burocrata do sindicato de vendedores, que tentou alimentar a delegação com promessas de que, certamente, suas demandas seriam "examinadas de maneira cuidadosa" e, dentro do possível, "satisfeitas", jurou que todos os 84 delegados do *front* estavam exaltados devido a necessidades dos soldados etc., mas suplicou para que não se tomasse uma resolução imediata, pois agora todos estariam demasiadamente "agitados". Esse discurso causou uma tempestade de indignação. Não deixaram Koim continuar; em vão, remetia a seus treze anos de experiência como burocrata sindical. Junto aos oradores de esquerda, incluindo Heckert, demandavam votação imediata, com aplausos tempestuosos da ala esquerda do Congresso e da tribuna. Ouviam-se gritos para "votar imediatamente, até sem discussão".

Na sala, instaura-se a desordem. Os scheidemannistas, em extrema exaltação, preparam-se para interromper a reunião. Juntam-se para sair da sala aos gritos de que estão ameaçados, de que "eles se preparam para investir com violência contra nós". Claro, estavam decididos a frustrar a votação a qualquer preço. Sem dúvida, esse foi o momento político mais agudo do Congresso. Permitir a votação imediata significava, para a direção do Congresso, ou se expor completamente ou perder o controle dos acontecimentos. Daí a confusão, daí a fuga.

Para a ala esquerda, o Congresso representava, naquele momento, a possibilidade de, por meio de ações decisivas, tomar a iniciativa nas mãos, desmascarar já ali, em face dos delegados da guarnição revolucionária, os representantes da maioria de socialistas, não deixar encerrar a reunião, não se deixar intimidar com regulamentos e astúcias parlamentares, denunciar os que abandonam a reunião como desertores, tomar, em caso de necessidade, a direção do Congresso nas mãos, colocando-o sob a defesa dos soldados e operários revolucionários de Berlim – mas, para tal gênero de ação, seria necessário que o partido tivesse uma têmpera diferente da dos independentes. Em vez de expulsar os traidores, a minoria do Congresso se esforça para mantê-los na sala. Os scheidemannistas foram salvos por Haase, que, recorrendo a "sua longa experiência parlamentar", aconselha não ter pressa e reservar para o dia seguinte a discussão das demandas dos soldados. Esse discurso de Haase revela, da maneira mais clara, a essência do papel nefasto que desempenhou o dirigente dos independentes. Encobriram de autoridade, definitivamente, os remanescentes dos traidores, que fracassavam, e os ajudaram a sair de uma situação difícil. Haase recorda Dorrenbach, dirigente da delegação de soldados, do acordo que tinha feito com ele há uma semana. Haase estava pronto a aceitar a validade da suspeita que havia sido manifestada pela fração revolucionária dos soldados; mas todas essas indicações, todas essas recomendações especiais, em toda sua proximidade especial com os soldados revolucionários, Haase leva adiante apenas para se manifestar contra a discussão e a votação imediatas das proposições dos soldados e para, "chamando a atenção para a excitação dos ânimos", transferir o caso para o dia seguinte.

O apoio de Haase deu a possibilidade aos scheidemannistas e seus representantes de se recuperar da confusão e colocar em votação a proposta de encerramento da reunião. Com isso, a declaração dos soldados foi discutida no dia seguinte. Os protestos raivosos e as ameaças dos delegados dos soldados, dirigidas ao comportamento representativo da maioria do Congresso, encerram essa cena dramática.

No dia seguinte, 18 de dezembro, a primeira coisa que fez o Congresso ao abrir os trabalhos foi tratar da questão de impedir que "estranhos" entrassem na sala de reuniões. Os scheidemannistas colocaram e conduziram a proposta de não dar mais a palavra aos delegados que estavam no Congresso e mesmo não permitir seu ingresso na sala de reuniões, mas adotar uma instalação separada, onde os representantes das frações deveriam ser entrevistados. Dessa maneira, o Congresso recobrou sua "tranquilidade". Com base nessa deliberação, a delegação dos trabalhadores de Berlim, liderada pelo camarada Pieck, permaneceu sob custódia. Apenas depois que a delegação ingressou arbitrariamente na sala, os scheidemannistas não ousaram recusar o pronunciamento de suas demandas, mas excluíram esse documento das atas transcritas.

Sobre as posições dos sociais-traidores em relação à aparição da delegação, Scheidemann fala com tintas coloridas em suas memórias. "As manifestações" – escreve ele – "irrompiam diante da plenária como ondas que um mar humano enviava das margens". Logo em seguida, acrescenta: "Aconteceu, no fim das contas, o milagre de que essa assembleia aterrorizante se decidiu a emitir tal 'resolução hostil', pronunciando-se a favor da assembleia constituinte"[7].

O debate das demandas da guarnição de Berlim no dia seguinte foi encerrado em uma "situação tranquila" pela aceitação da resolução que retirava, nas palavras, o lugar de honra dos deputados operários e soldados (controle sobre o poder do alto-comando, exercício de poder de comando nas guarnições locais), proclamava a extinção das insígnias oficiais e das ordens e a introdução de milícias populares. Trazer à vida essas "linhas fundamentais" ficou a cargo do governo. Por último, enviou-se essa resolução a Hindenburg e, quando ele respondeu que não tinha a intenção de considerá-la, a coisa se acalmou.

---

[7] Philipp Scheidemann, *Der Zusammenbruch*, p. 221.

Como primeira questão de ordem do dia do Congresso, estavam os relatórios do soviete executivo de Berlim e do soviete de comissários do povo. Richard Müller – figura que politicamente representa uma nulidade – deu o informe em nome do comitê executivo de Berlim. O independente, que posteriormente ingressaria no Partido Comunista, desertou rapidamente de sua fileira, revelando sua natureza de renegado integralmente. No Congresso, R. Müller desempenhou o papel mais miserável. Seu relatório era uma lista de queixas sem fim feitas pelo comitê executivo ao governo, além de uma manifestação visível da própria impotência. O governo não considerou o comitê executivo e não deu atenção a suas deliberações e resoluções. Assim, o comitê executivo exigiu a eliminação de Solf, funcionário de Guilherme II, em cujas mãos estava o Ministério das Relações Exteriores, mas Solf permaneceu em seu posto. Os documentos secretos do Ministério das Relações Exteriores não foram transferidos para as mãos esperadas; Müller expressou preocupação de que parte deles teria sido queimada. Os participantes do golpe contrarrevolucionário de 6 de abril foram colocados em liberdade, pois esse era o desejo do Ministério da Guerra etc. Quando o independente de esquerda Eichhorn, que estava à frente do *presidium* da polícia de Berlim, sugeriu as assim chamadas prisões políticas preventivas dos contrarrevolucionários, essa medida foi, evidentemente, rejeitada pelos comissários do povo. Em janeiro de 1919, Eichhorn, tentando armar os trabalhadores, foi, como se sabe, removido; esse ato era uma provocação causada pelo movimento de janeiro e uma represália de Noske aos trabalhadores revolucionários.

O relatório confuso e incoerente de Müller oferece uma mostra do desempenho extremamente fraco do desenvolvimento e da atuação dos sovietes de deputados operários e soldados nos primeiros meses da revolução. Porém, há uma circunstância que não se pode contestar.

A falência do militarismo alemão e o naufrágio da monarquia acarretaram a paralisia de todo o antigo sistema governamental. Os únicos órgãos que dispunham de autoridade inquestionável eram os sovietes. Os sociais-traidores foram obrigados a admitir esse fato. É característica a declaração do orador, Cohen, sobre a questão da assembleia constituinte. Apenas os sovietes de trabalhadores e soldados, declarou ele, poderiam apoiar a ordem e teriam autoridade suficiente "para que tudo não vire de cabeça para baixo". Sobre isso, fala ainda o orador do soviete executivo de Berlim, R. Müller, mas ele estava mais preocupado em justificar as reprovações pela usurpação do poder geral alemão. Ele, em todos os sentidos, prova que, se os sovietes tivessem intervindo nas funções do poder de Estado, estariam fazendo algo para além de sua vontade. Simplesmente não havia ninguém para restaurar a ordem, dar instruções, autorizar certos eventos. Esse "revolucionário por engano" temia, mais que tudo, que não o admitissem como ditador; ele justifica de modo enfático que, estando à frente do órgão criado pela revolução, devia resolver as tarefas impulsionadas pela revolução, pois nenhum dos órgãos "normais" e permanentes do velho regime poderia resolvê-las. Ao soviete se dirigiram a partir de todas as instituições: do Ministério de Guerra, do Estado-maior geral etc. "Em uma noite, tínhamos nos tornado a instituição superior" – levanta as mãos esse, se é que assim podemos dizer, "dirigente" da revolução.

Não se pode deixar de dizer que os independentes também não ousaram pensar em quebrar a velha máquina do Estado. Ora, seu líder ideológico Kautsky, ainda em 1912, em debate com [Anton] Pannekoek, demonstrou que o proletariado pode sobreviver sem ministério. Em seu relatório em nome do soviete executivo, Richard Müller emite a notória Ordem n. 19, de 16 de novembro de 1918, segundo a qual o comitê executivo de Berlim recomendava destituir os funcionários, os *landrat**. Ao mesmo tempo, a ordem prescrevia "entrar na composição de todas as instituições estatais os comissários dos soviets de operários e soldados, que estão encarregados de monitorar constantemente todas as atividades". Mas já dentro de alguns dias, seguiu-se a explicação: a destituição dos funcionários foi oferecida com uma série de reservas; deveria ser aplicada em "casos extremos", caso um ou outro *landrat* continuasse a "trabalhar segundo o antigo sistema ou apresentasse inclinação contrarrevolucionária". Em geral, a decisão final ficava a cargo do Ministério das Relações Exteriores. Assim, apresentou-se tal medida "revolucionária". Não sabemos se os soviets de fato destituiriam os antigos poderes de algum lugar com base nessa ordem. Se assim fosse, os scheidemannistas não se furtariam a erguer seu uivo. Mas os casos contrários tiveram lugar, quando os bravos generais, em especial na área do *front* ocidental, dissolveram os soviets, prenderam os deputados. Sobre esses casos, comunica-se no próprio Congresso (ver pronunciamentos de Brass e do camarada Heckert).

O relatório de R. Müller está repleto de queixas lamuriosas de perseguição, com as quais a imprensa burguesa, ajudada pelo *Vorwärts*, expôs o comitê executivo de Berlim. Esse pequeno-burguês não pensa sequer em oferecer uma análise de classe dos acontecimentos. Em sua fala, é possível encontrar as mais ridículas contradições. Enquanto declara que a "revolução destruiu [!] o antigo sistema de governo", que "o poder político foi conquistado pelos soviets de deputados operários e soldados", de repente também declara que "os velhos reacionários, os funcionários do governo sem nenhuma exceção, ainda conservam até hoje seus cargos e sua dignidade", ou confessa que "depois da revolução tudo permaneceu da maneira antiga". "Toda a vida política e econômica permaneceu a mesma."... Pergunta-se em que consiste a "destruição" do antigo sistema governamental?

É interessante notar que Müller admite que a perseguição dos soviets se intensificou especialmente quando a burguesia percebeu que eles não eram tão perigosos e mostravam puramente "a candura das ovelhas".

---

* No original, em alemão transliterado ao russo, palavra formada por *land* [terra] e *rat* [conselhos]. (N. T.)

Do fato de que os sovietes como órgãos contam com enorme autoridade entre os trabalhadores, os scheidemannistas concluíram que eles deveriam, antes de tudo, "restaurar a ordem". Se os trabalhadores prendessem os capitalistas Stiness e Thyness, os sovietes deveriam acabar com essas "fealdades". Se os trabalhadores iniciassem uma luta econômica, os sovietes deveriam evitar a greve etc. Exatamente como no período de [Aleksandr] Kiérenski, os partidos pequeno-burgueses foram fortemente derrotados pela autoridade dos "órgãos de democracia revolucionária" em todos os casos em que se tratava de medidas policiais destinadas a conter trabalhadores e soldados revolucionários.

Esse papel foi atribuído aos sovietes e ao dirigente do governo da Baviera, o independente Kurt Eisner. A posição por ele defendida, sobre a qual falou no Congresso o delegado de Augsburg, Niekisch, era deixar para o conselho receber reclamações, cuidar da tranquilidade e da ordem (!) e, até certo ponto (!), o controle.

Em resumo, a tarefa dos sovietes seria conter os trabalhadores e os soldados revolucionários e "aceitar reclamações", mas o poder real deveria estar nas mãos de um governo "investido da confiança de todo o país".

Qualquer tentativa dos sovietes de ultrapassar esses limites foi estigmatizada pelos scheidemannistas como anarquia. Sua imprensa, junto aos jornais burgueses, tentou, com todas as forças, comprometer o comitê executivo de Berlim, fazendo barulho sobre os custos exorbitantes do aparato do comitê executivo, sobre a inepta condução das coisas, dos excessos etc.

Scheidemann, em suas memórias, insinua, em relação ao comitê executivo de Berlim, que nele atuavam, além de "Müller, o cadáver"[8], ainda "um dado número de cavalheiros desconhecidos que viram no comitê executivo apenas uma possibilidade favorável de arranjar para suas noivas posições bem pagas"[9].

No Congresso, os scheidemannistas traduziram, com especial prazer, o debate sobre os relatórios de todos os tipos de falhas organizacionais do comitê executivo. O relatório de Müller ofereceu plena possibilidade para isso, pois afogou a essência política da causa em ninharias, sem sequer tentar colocar a questão de que a revolução exige a criação de um novo aparelho de Estado.

Os sovietes, como evidencia Müller, foram forçados a resolver todo tipo de questão, a enviar representantes para os vários departamentos, incluindo o Ministério da Guerra, a enviar uma delegação à província, à aldeia, ao *front*, a conduzir a agitação, a desmontar os conflitos entre trabalhadores e empresários, a cuidar da entrega de alimentos etc., a sancionar ou cancelar prisões. Para tudo isso, eram necessários os meios, era necessário um aparato. Em seu relatório desprezível, apolítico,

---

[8] Philipp Scheidemann, *Der Zusammenbruch*, cit., p. 219.
[9] Müller recebeu esse apelido depois de ter declarado, em uma reunião, que a assembleia só passaria se fosse por cima de seu cadáver.

"Müller, o cadáver", emprega bastante esforço a fim de provar como o comitê executivo agiu de maneira legítima, como o dinheiro foi gasto de maneira econômica. Discorre infinitamente sobre o montante das diárias, sobre o salário dos carteiros e datilógrafos do comitê executivo e, finalmente, sobre os notórios 800 milhões que o comitê executivo de Berlim supostamente desperdiçou. A essência da coisa fica, assim, bastante clara: os scheidemannistas queriam desacreditar o comitê executivo aos olhos da massa de soldados atrasados e da província. Exageravam, de todas as maneiras possíveis, a questão dos Estados inflados, da má administração; faziam, por meio da imprensa burguesa, escárnio de algum desperdício grandioso.

É característico que, nas ordens contrarrevolucionárias emitidas no *front* ocidental, figure o mesmo motivo sobre a "administração deformada" dos sovietes. Esse motivo se liga a outra melodia contrarrevolucionária: Berlim e o comitê executivo de Berlim querem, dizem eles, comandar toda a Alemanha, usurpar poderes que ninguém lhes deu. Uma província atrasada é habilmente colocada no centro revolucionário. Müller, em seu relatório, estabelece que a fonte de calúnias contra o comitê central de Berlim (ou soviete executivo) veio do escritório de impressão do soviete de comissários do povo, mas, em vez de tirar conclusões políticas daí, a fim de desmascarar as maquinações dos scheidemannistas, Müller, em tom de justificação, declara que não há nenhum desperdício e que os Estados não tinham sido inflados. Se os scheidemannistas destacam, com ares triunfantes, o caso em que os emissários enviados pelo comitê executivo de Berlim eram personalidades muito sombrias e até provocadoras, então as explicações de Müller sobre esse ponto, como palavras conclusivas, são ainda mais patéticas. Justificam-se pelo fato de o soviete ter dado suas assinaturas, ou seja, carimbado os mandatos, emitidos pelo Ministério da Guerra ou pelo Ministério das Relações Exteriores, sem saber sequer de que tipo de pessoa se tratava e se nele podia confiar.

O correlatório de Dittmann em nome do soviete dos comissários do povo estava repleto de apelos à unidade de ambos os partidos socialistas e raciocínios vulgares sobre o fato de que a ruína impede a socialização, que não se pode interromper o processo de produção, que em 1914 a socialização seria "brincadeira de criança", mas que agora precisa de grande cuidado, pois os Estados Unidos dão produtos alimentícios; sem eles, a tampa… No entanto, Dittmann celebra: "Nomeamos uma comissão de socialização". Com base nisso, Dittmann, como Skóbelev durante o período de Kiérenski, promete direcionar bilhões de dólares para a tesouraria militar. Relata que já decidiram demitir Solf, mas até agora… não encontraram um substituto; ele prova que a desmobilização é algo complexo, que não pode ser conduzida sem a ajuda do velho general. Em resumo, Dittmann justifica plenamente a caracterização sarcástica de Scheidemann, que diz que esse líder dos independentes, ao ingressar no governo, "logo se transformou em um burocrata diligente".

A propósito, Dittmann, ao falar sobre a desmobilização, afirma impassivelmente que a evacuação de tropas do *front* oriental "levará mais tempo". Ele não tenta, particularmente, decifrar o que está acontecendo. Mas, no decorrer dos trabalhos do Congresso, essa questão sobre o Exército alemão no Leste aparece mais de uma vez. Ebert e seus partidários provam que as tropas do Leste não só não podem ser evacuadas de uma vez, como é necessário enviar "unidades militares confiáveis" para o Leste, supostamente para "proteger as ferrovias" e, em geral, "manter a ordem". Os sociais-traidores também se vangloriam enfaticamente da necessidade de repelir as aspirações invasoras dos poloneses. Tocam as mais baixas cordas chauvinistas, mentem sobre garantir a evacuação e a proteção das ferrovias, mas permanecem calados sobre o que Kautsky admitiria mais tarde, no Congresso da Segunda Internacional de Luxemburgo, a saber, que o governo alemão concluíra um acordo secreto com a Entente, obrigando a Alemanha a manter tropas no Leste para lutar contra a Rússia Soviética até a chegada das forças armadas da Entente. No livro de Aválov, um guarda do Exército Branco, fica-se sabendo que Noske proveu os meios para a formação de destacamentos militares antissoviéticos nos países bálticos. O envio de esquadrões contrarrevolucionários para os países bálticos foi realizado com a cooperação do "conselho militar" do Exército Branco, da missão militar britânica e do comando alemão. O agora famoso guarda do Exército Branco báltico, Von Rosenberg, serviu como mediador entre Noske e o "Exército do Norte". Assim foi a política social-fascista em relação à Rússia Soviética. Os sociais-democratas da maioria odiavam a Rússia Soviética, assim como odiavam os espartaquistas. Os independentes, como Haase, estavam firmemente convencidos de que a Revolução Bolchevique não resistiria à Entente vitoriosa. E tanto um quanto o outro estavam prontos para fazer um acordo com a Entente às custas da Rússia Soviética. Ainda antes da queda do governo imperial, a representação soviética plenipotenciária foi expulsa de Berlim. Esse passo foi solicitado pelos scheidemannistas, que contavam com ganhar a posição da Entente e mostrar sua disposição de se incluir na frente antissoviética. Depois do golpe, o governo de Ebert-Haase se recusou a retomar as relações diplomáticas interrompidas, não permitiu a presença da delegação soviética no Congresso Alemão de Deputados Operários e Soldados. Toda vez que os oradores do campo social-fascista se referem à República Soviética em seus discursos, eles o fazem para repetir falsos ataques difamatórios, assustar os trabalhadores alemães com os horrores fictícios da ditadura proletária, o colapso econômico, que supostamente é causado pela destruição prematura do sistema capitalista.

Os dirigentes dos independentes, declarando, à moda dos fariseus, suas "simpatias" pela Revolução Russa, continuam a mesma campanha de difamação. Däumig, crucificando-se "pelo soviete", considera necessário especificar: "Eu sei que esse sistema é inerente ao terrível mau cheiro do bolchevismo". Considera necessário, ainda, alertar contra a imitação servil do exemplo russo. "Sou alemão" – declara esse filisteu de modo eloquente – "e tenho orgulho de ser alemão".

Apenas os representantes da Liga Espártaco falam a língua dos autênticos revolucionários proletários, apenas eles defendem a solidariedade internacional do proletariado e a palavra de ordem da aliança mais próxima com a Rússia Soviética. Já na primeira reunião, eles protestaram contra a restrição de representantes da República Soviética Russa no Congresso. O camarada Heckert apresenta uma proposta para retomar as relações diplomáticas com a Rússia Soviética. Expõe o verdadeiro sentido da exigência de enviar unidades "confiáveis" para o *front* oriental, indica que nisso se esconde a pressão da Entente e o desejo de participar da intervenção antissoviética. Faz exigências para retirar as tropas alemãs do Leste.

A direção do Congresso empurra esses protestos e essas propostas para debaixo do tapete.

Brass, delegado de Remscheid, revelou em seu discurso o verdadeiro estado das coisas. Apontou as atividades do alto-comando, que nada tinham a ver com a desmobilização e que consistiam em colocar os soldados contra os soviets, na preparação de unidades "selecionadas" e "confiáveis", com talvez um grande número de oficiais "equipados para batalhas de curta distância" (Ordem de 16 de novembro de 1918). Brass citou uma série de casos de dispersão dos soviéticos na linha de frente. O discurso de Brass revelou a existência de uma organização contrarrevolucionária, seus laços com o Ministério da Guerra e o Ministério das Relações Exteriores e a completa impunidade dos conspiradores. O discurso do comissário do povo Landsberg, que a direção do Congresso emitiu fora da fila, foi claramente projetado para suavizar a impressão causada pelas revelações de Brass. Landsberg desembaça as lentes do Congresso ao falar sobre quais "medidas" o governo tomou contra os generais contrarrevolucionários. Naquela época, já estava em vigor um acordo secreto, que Ebert, em 19 de novembro, concluiria com Hindenburg e Groener.

Em seu testemunho no julgamento de Munique em 1925, o general declarou:

> Ebert e eu concluímos, em 10 de novembro, à noite, por telefone, uma aliança para combater o bolchevismo e o sistema de soviets, para restaurar a paz e a ordem. Todos os dias, entre 23h e 1h, conversávamos por meio de uma linha direta colocada sob a direção da estação central, entre as instalações do chanceler imperial e o apartamento principal, para que ninguém pudesse nos ouvir. A partir de 10 de novembro, nosso objetivo era tirar o poder do soviete de deputados operários e soldados na Alemanha. Por isso, projetamos a entrada de dez divisões em Berlim.

A discussão do primeiro ponto da ordem do dia (relatórios de R. Müller e Dittmann) terminou com a adoção de uma resolução, que outorgava ao governo, ou seja, ao soviete de comissários do povo, plenos poderes Legislativo e Executivo e desviava os soviets para funções incertas de controle, ou mesmo de "supervisão parlamentar". A interpretação dessa resolução é assumida por Ebert. Seu discurso é essencialmente uma defesa do poder ditatorial ilimitado. O governo precisa de "liberdade de ação", afirma Ebert. Nele, colocam-se as mais importantes questões de alimentação, desmobilização, negociações de paz, exigem-se soluções rápidas, exige-se iniciativa. Não se pode tomar tais decisões a depender da possibilidade ou impossibilidade de conspirar com um colegiado de 27 pessoas. Ebert se refere ao novo comitê executivo a ser eleito pelo Congresso. Esse comitê executivo de scheidemannistas poderia ser composto por 100% de seus partidários. E foi o que fizeram: nenhum independente entrou para o comitê executivo.

Ebert não tinha por que temer qualquer sombra de oposição em tal comitê executivo. Tratava-se, portanto, de enfatizar o curso de liquidação dos soviets, menosprezar sua importância, mostrar que não pode haver conversa sobre a introdução do sistema soviético na Alemanha. O discurso de Ebert no Congresso, sobre a relação entre o governo e o comitê executivo, foi sustentado pelo espírito da proclamação contrarrevolucionária que se espalhara naqueles dias em Berlim. Nele, colocou-se a questão do que é exatamente uma instituição permanente – o governo ou o soviete executivo – e concluiu-se em favor do governo.

Esse dilema – o governo ou os soviets – foi colocado na ordem do dia mesmo antes da abertura do Congresso, e não apenas no plano da discussão teórica. Em 6 de dezembro, um dos regimentos de Berlim foi inflamado por conspiradores contrarrevolucionários e organizou uma manifestação armada que visava proclamar Ebert presidente e prender o comitê executivo. Ledebour estava indubitavelmente correto ao afirmar que Ebert era o cérebro por trás desse golpe.

Todo o comportamento de Ebert dá conta disso. Quando os manifestantes, ao chegar às instalações do chanceler do Reich, proclamaram Ebert presidente da República e perguntaram se ele concordaria em aceitar esse título, Ebert se limitou a citar a necessidade de "consultar meus amigos" e declarou que o governo deveria resolver a questão em geral. Tal declaração mostra com clareza que, em essência, Ebert estava junto com os manifestantes.

A tentativa de prender o comitê executivo falhou apenas porque os trabalhadores e a divisão de marinheiros se arvoraram em sua defesa. Ao mesmo tempo, a aparição do comissário do povo Barth elucidava aos soldados que os conspiradores os enganavam ao assegurar que todo o governo aprovava seu discurso. Sabe-se também que, quando um representante de uma das unidades militares informou, na véspera, os secretários de Ebert da manifestação que estava sendo preparada, ele recebeu uma indicação da conveniência de participar dessa manifestação.

Os organizadores do fracassado golpe de 6 de dezembro foram representantes dos grandes círculos burgueses e *junker* – Reibaben, conde Metternich, Stumme, conde Matuschka. Um papel proeminente foi desempenhado pela chamada "defesa estudantil", uma organização contrarrevolucionária da juventude acadêmica.

Foi estabelecido que representantes dessa organização se reuniriam para ir a Colônia e pedir às tropas de ocupação estadunidenses que restaurassem a ordem na Alemanha.

Nenhum dos participantes do golpe de 6 de dezembro, evidentemente, ficou ferido. Esse evento criou um grande racha no bloco do governo de "paridade". Os maravilhosos independentes sentiram que seus parceiros para a coalizão governamental poderiam, a qualquer momento, preparar-lhes uma surpresa. No Congresso, refletiram esses sentimentos com fortes ataques pessoais contra Ebert e Scheidemann, que eram especialmente abundantes nos discursos de Ledebour, e a confusão do pânico, que se destacava em particular nos discursos de Barth.

A segunda questão na ordem do dia do Congresso foi o relatório do social-democrata Cohen sobre o tema "sovietes e assembleia nacional".

Para os scheidemannistas, a resolução sobre a convocação antecipada de uma assembleia constituinte parecia ser o resultado mais importante e, talvez, o único que eles esperavam do Congresso de Sovietes. Scheidemann, em suas memórias, observa, com especial satisfação, que o Congresso convocou eleições para a assembleia constituinte. "Agora" – exclama – "o prazo foi firmemente estabelecido e, além disso, em nome do 'órgão revolucionário'". Nessas aspas, manifesta-se todo o cinismo repugnante do dirigente dos sociais-traidores. A decisão de convocar a assembleia nacional desatou as mãos dos sociais-traidores para uma ofensiva aberta contra a revolução proletária, para derrotar seu destacamento avançado: o proletariado de Berlim, que em grande parte seguiu as palavras de ordem da Espártaco. A assembleia constituinte significava fortalecer a ordem burguesa, significava restaurar a ditadura do capital. Toda a burguesia naquele momento viu em Ebert-Scheidemann o mais verdadeiro baluarte contra o comunismo. Toda a reação capitalista foi agrupada sob a bandeira da democracia, sob a bandeira da assembleia constituinte.

Não havia unidade nas entranhas da coalizão governamental entre os sociais-democratas majoritários e os independentes sobre a questão da assembleia constituinte. Os dirigentes da social-democracia "independente", como sempre, assumiram uma meia-posição. Estavam, em essência, de acordo com os scheidemannistas, principalmente quanto à negação da ditadura do proletariado. A diferença consistia no fato de que os scheidemannistas pediram, sem reservas, que retornassem imediatamente ao seio do parlamentarismo burguês e parassem qualquer flerte com o sistema de sovietes. Os independentes vacilaram, esquivaram-se e fingiram oferecer algum caminho especial. Na verdade, essa posição especial foi pura e simplesmente reduzida ao fato de que as eleições para a assembleia constituinte deveriam esperar. Foi nesse espírito que Haase discursou ao Congresso. Em primeiro lugar, ele disse, as fronteiras com a Alemanha ainda não foram definidas; em segundo, os soldados e os prisioneiros não voltaram para a casa; em terceiro, a população ainda não está politicamente esclarecida, e o governo derrubado, ao longo de vários anos, envenenou-a com sua falsa propaganda de guerra. Por isso, conclui Haase, é necessário adiar o prazo das eleições para a assembleia constituinte. Essa argumentação é uma mistura de pedantismo, ingenuidade, traição e covardia pequeno-burguesa. Haase se esquiva da resposta à principal questão: em que mãos está o poder real, quem vai preparar e quem vai realizar as eleições? Nas condições de uma feroz luta de classes, quando as questões são resolvidas pela força, Haase está preocupado em criar algumas condições "ideais" para uma votação "idealmente democrática". Aos trabalhadores revolucionários, que veem que o Exército reacionário, sob a liderança de Ebert-Scheidemann-Noske, se prepara para esmagar a revolução, Haase propõe esperar até que os prisioneiros retornem, enquanto a Entente decide definir as fronteiras da Alemanha e, só depois de tudo isso, acertar seus inimigos de classe com uma cédula de votação. É difícil imaginar uma posição mais ridícula, mais desesperançada, mais perniciosa.

Não foi melhor no caso do tom com o qual Däumig apresentou seu relatório suplementar. Se, para os scheidemannistas, a figura típica é um negociante cínico, um canalha incendiário e um traidor, que não coloca sequer um centavo em qualquer ideologia, mas foi lapidado na escola do parlamentarismo burguês para conduzir os negócios políticos, que adquiriu o gosto pelo poder e sabe ser decisivo e impiedoso na luta contra os trabalhadores revolucionários, se os independentes do tipo de Haase e Kautsky incorporavam a frouxidão da média e pequena burguesias, misturada com pedantismo de mente estreita e amor pela ordem e por um modo de ação "científico e prudente", então Däumig era um tipo de tolo abençoado, eloquente, que se deleita com os próprios discursos inflamados e emoções sublimes. Däumig lança frases altissonantes acerca do espírito filisteu moderado que o Congresso descobriu e invoca, em suas palavras conclusivas, um exemplo... de Tolstói (?), buscando neste último uma imagem de "determinação radical e firme de romper com as velhas ideias e tradições". Em essência, Däumig também é contra a ditadura do proletariado. "Eu sei" – afirma ele – "que o curso cultural do desenvolvimento do povo alemão não teria levado à manifestação de métodos grosseiros de ditadura". Esse filisteu, "defendendo" o sistema de soviets, permite-se – como observamos acima – propagar "o mau cheiro do bolchevismo", que lhe é próprio, e com o qual ele, evidentemente, não simpatiza. Däumig propõe o sistema de soviets como um instrumento de socialização, mas ele considera necessário enfatizar que é contra a socialização "realizada aleatoriamente". Finalmente, Däumig, assim como Haase, evita cuidadosamente a questão da luta pelo poder de Estado, a conquista real desse poder pelo proletariado. Ele não fala em alto som sobre a tarefa de destruir a antiga máquina estatal. Silencia sobre o fato de que os soviets, a fim de se tornarem o poder, devem confiar nas forças armadas do próprio proletariado.

Em vez disso, ele apresenta um raciocínio abstratamente "otimista" de que um novo sistema de sovietes inevitavelmente "deve" substituir um sistema parlamentar obsoleto. Esse "otimismo" encobre a covardia, a mediocridade, o desejo de evitar a luta aguda contra a contrarrevolução burguesa e contra seu principal ponto de apoio: os scheidemannistas.

No mesmo sentido, atuou Däumig e, posteriormente, no congresso extraordinário dos "independentes" no início de março de 1919, quando ele, por um lado, se opôs a Haase e mostrou que o sistema de sovietes não podia ser conectado à assembleia nacional, mas, por outro, imediatamente acusou de modo calunioso os comunistas de "golpismo".

Foi precisamente sobre esse pronunciamento de Däumig que Lênin escreveu: o "'esquerdismo' de semelhante senhor, que repete palavras de ordem 'da moda', de covardia diante das massas, sem entender o movimento revolucionário das massas, não vale um centavo furado"[10].

A argumentação do relator Cohen a favor da assembleia constituinte é a quintessência dos argumentos operados no Congresso por todos os oradores do campo de Ebert-Noske. Em primeiro lugar, está a intimidação da Entente: a Alemanha é impotente, é impossível uma resistência militar; a Alemanha enfrenta a fome, a Entente não fornecerá mantimentos a menos que a ordem seja restabelecida. Esse motivo perpassa com um fio vermelho todo o relatório. Cohen não economiza nas cores ao pintar a onipotência da Entente e, especialmente, o imperialismo anglo-saxão. Os sovietes na Rússia estão condenados, de acordo com esse social-canalha, à morte inevitável. Apenas o inverno impede a Entente de acabar com a República Soviética. A revolução mundial é impossível. Cohen "admite" a revolução na Itália, mesmo na França, mas os capitalistas anglo-saxões são donos da situação. Lloyd George acaba de receber uma maioria de cem mandatos. "A França e a Itália teriam sido mortas sem a ajuda da Inglaterra e dos Estados Unidos, assim como nós."

Em seu lacaísmo diante do todo-poderoso imperialismo da Entente, Cohen chega ao ponto de justificar a necessidade de convocar rapidamente a assembleia constituinte e estabelecer uma democracia "normal", aludindo ao fato de que a Alemanha derrotada teria de pagar uma indenização. "Como podemos atender a esses requisitos" – argumenta Cohen – "se não chegarmos, no fim, a uma economia ordenada, a uma ordem firme e, o que é mais importante para mim, a uma autoridade central investida de autoridade?" A Constituição democrática significa, assim, um meio de garantir pagamentos futuros à Entente. É possível imaginar um material melhor para a demagogia nacionalista dos fascistas?

Outra linha de argumentação é dirigida contra os sovietes que expressam somente "vontade parcial". Cohen associa essas considerações aos poderosos ataques

---

[10] "Carta aos trabalhadores da Europa e América", v. 24, p. 320.

chauvinistas contra os poloneses, os separatistas e outros inimigos que atentam contra a unidade da Alemanha. Sem a assembleia constituinte, o separatismo não pode ser superado. Essa tese de Cohen foi decifrada por outros oradores da seguinte forma: se não se colocar um fim na ameaça do movimento espartaquista em Berlim, os separatistas prevalecerão no sul da Alemanha e na província do Reno.

Cohen aborda ainda a questão da socialização. Em sua opinião, o principal perigo é que os trabalhadores tendem a fazer exigências impossíveis. Dá até um exemplo, inventado por ele mesmo, em que os trabalhadores da Siemens pediram 70 milhões de aumento nos salários, quando o montante dos lucros da empresa expressava 13,5 milhões de marcos. Cohen se intimida com a perspectiva de uma sabotagem empresarial. O que acontecerá se os empresários abandonarem suas indústrias e fábricas e, no fim das contas, os trabalhadores não estiverem aptos a lidar com a produção? O desastre é inevitável.

Cohen insinua que os bolcheviques mostraram como é perigoso destruir as antigas formas de economia antes de serem criados os pré-requisitos para uma nova e refere-se a algum discurso imaginário de Zinóviev, em que ele, supostamente, teria afirmado que todos os produtos das fábricas socialistas não cobrem os custos salariais. Essas fábulas são acompanhadas de um refrão, que diz que se a produção definha, não há nada para socializar.

"Se tivéssemos, na Alemanha, armazéns cheios, se tivéssemos suprimentos vitais, então penso que não haveria ninguém que não estivesse pronto para fazer alguns experimentos." Nesse ponto, Cohen embarca em flagrante charlatanismo. Por um lado, a socialização é impossível, pois não há nada para socializar. Por outro, basta vencer a votação para a assembleia constituinte e está garantida a socialização. "Não queremos, não podemos adiar a socialização até o momento em que todos se tornem socialistas convictos" – ele exclama, batendo no peito. "Quero que o socialismo chegue logo, [...] basta que a maioria do povo alemão se pronuncie a favor da socialização." Assim, a socialização, ademais imediata, acaba sendo uma questão muito simples. Tudo se resume a ganhar a maioria na assembleia constituinte.

Cohen, não custa dizer, repete a calúnia de Kautsky contra nosso partido, como se este fosse um defensor da assembleia constituinte ainda que ali estivesse em minoria. Cohen não pode prescindir, evidentemente, de distorções do pensamento de Marx. Cita, com incrível arrogância, aquela passagem de Marx em que ele diz que "a classe operária não pode simplesmente se apossar da máquina do Estado tal como ela se apresenta"*, como um argumento contrário à revolução violenta. Com a ajuda de tais manipulações descaradas, Cohen prova demagogicamente que os bolcheviques "viraram de cabeça para baixo toda a concepção marxista". Acrescentando, como inevitável tempero, invenções difamatórias sobre os horrores

---

* Ed. bras.: Karl Marx, *A guerra civil na França* (São Paulo, Boitempo, 2011), p. 54. (N. E.)

do terror e sobre comissões extraordinárias, Cohen faz um forte chamado a reconhecer a força desse "fator moral", que é a visão de mundo democrática, para se curvar a ela. Cohen não se esquece de lembrar, mais uma vez, que a força moral dos princípios democráticos, em particular, se beneficia do fato de que por ela se levantam todos os exércitos e as frotas dos Estados da Entente, que não querem lidar com nenhum tipo de soviete.

Mas o que fazer, então, com esses sovietes? Cohen encontrou uma serventia para eles: que lidem com outras questões, transfiram suas atividades para o campo da produção, "renunciem à posição central" e às pretensões de poder. Tais reivindicações, diz, não levarão a nada de bom e estão aptas somente a causar uma guerra civil.

"Como é o caso" – e isso é o mais significativo – "da luta interna de grupos nos partidos alemães, em que fica bastante claro que deve se chegar à guerra civil, e o terror virá por si próprio, quer se queira, quer não..." Essa declaração, feita no fim do relatório, pode ser considerada quase como um programa. Antecipa o massacre que, naqueles dias de janeiro, Noske levaria a cabo contra os trabalhadores revolucionários de Berlim.

O relatório de Cohen foi ofuscado pelo discurso de Scheidemann, pelo qual este foi vaiado das tribunas do Congresso. Foi um claro discurso de *pogrom* contra os sovietes. "Os sovietes não podem gozar de autoridade duradoura"; para manter a autoridade, terão de recorrer a prisões e fuzilamentos. Scheidemann não disse quem o Estado operário teria de fuzilar e quem Scheidemann pensa em fuzilar em nome da todo-poderosa assembleia constituinte. "Não precisamos de manifestações e passeios com metralhadoras" – exclamou Scheidemann, colocando o Congresso claramente contra os espartaquistas e Liebknecht, que organizavam manifestações poderosas nas ruas de Berlim naqueles dias.

"Os sovietes, segundo minha firme convicção" – concluiu Scheidemann – "não nos darão nem o pão nem a paz, mas se essa política tiver continuidade, ela nos levará, com uma fatal inevitabilidade, a uma guerra civil na Alemanha".

Tais ameaças encontraram a resposta adequada no discurso do camarada Heckert, que lançou à queima-roupa a questão dos conspiradores contrarrevolucionários, da necessidade de desarmá-los. Heckert desmascarou os socialistas da maioria, que, em aliança com a burguesia e com a monarquia, há quatro anos e meio cozinham os trabalhadores em banho-maria.

Entretanto, ao lado dessas passagens acertadas, o pronunciamento do camarada Heckert contém muitas posições equivocadas. Ao falar em favor dos sovietes e contra a assembleia constituinte, o camarada Heckert não se apoiou naquilo em que, para nós, bolcheviques, está a verdade do alfabeto, a saber, quais classes, qual fração do povo se coloca a favor dos sovietes. Não lhe seria difícil demonstrar que é a fração revolucionária do povo, o proletariado e as camadas de trabalhadores que aderem a ele, a fração do povo (representante da grande maioria) que é contra a guerra criminosa e contra aqueles que inflaram seu apoio a ela pregando a paz civil em nome dessa guerra. Era necessário demonstrar que a criminosa traição política de 4 de agosto (votação por créditos de guerra) está em curso ainda agora, que os scheidemannistas protegem a ditadura da burguesia, que eles estão armando uma contrarrevolução, que detêm o poder de comando dos antigos oficiais, que mantêm intacto o antigo aparato da Alemanha imperial, que a assembleia constituinte é o biombo atrás do qual se mantém o poder dos capitalistas.

Em vez disso, encontramos no camarada Heckert um raciocínio confuso sobre as massas e os dirigentes. A assembleia constituinte é criticada a partir do ponto de vista de que não serão as massas que ali decidirão, mas os dirigentes. "A organização soviética é uma organização que coloca a responsabilidade direta pela construção da sociedade em uma ampla massa proletária; a assembleia nacional é uma organização que coloca essa responsabilidade nas mãos dos líderes." Nessa fórmula, não há absolutamente nenhuma crítica à assembleia constituinte e ao parlamentarismo burguês do ponto de vista do tipo de classe do Estado.

Ademais, essa posição está imbuída de uma adoração tipicamente luxemburguista à espontaneidade e de um completo mal-entendido sobre o papel organizativo e dirigente do partido. Todos os aspectos positivos do sistema de sovietes se resumem ao fato de que as massas, que agem espontaneamente, dispensam a ajuda dos dirigentes. Isso não passou longe da reflexão de um independente, que até apresentou uma teoria inteira sobre como, durante uma revolução, todos os dirigentes serão, necessariamente, levados à bancarrota, e as massas deverão agir de forma completamente independente.

Embora o principal mal, a principal desgraça para a classe trabalhadora alemã fora que seus elementos revolucionários não encontraram determinação para romper irrevogavelmente com os traidores e centristas óbvios, o camarada Heckert afirma que a luta eleitoral deveria ser travada "com a maior unidade".

Além disso, a partir do debate, pode-se notar também a presença do social-democrata que defendia a necessidade da assembleia constituinte a partir da necessidade de fornecer força de trabalho às propriedades agrárias da Prússia Oriental. Preveniu que os prisioneiros de guerra teriam de ser libertados, que não haveria trabalhadores estrangeiros da Polônia e da Rússia, e colocou a inquietante questão sobre o que faria o proprietário de terras sem força de trabalho.

"Para obter essa força de trabalho" – ensinou o delegado Schauff – "para nós [!] não basta o sistema de sovietes, precisamos antes de um governo forte, que tenha poder suficiente para transportar os trabalhadores excedentes para essas regiões, a fim de cultivar a terra". Esse padrão de cretinismo reacionário e devoção canina aos interesses dos *junkers* se destaca de maneira suficientemente clara mesmo no pano de fundo geral dos discursos sociais-fascistas.

Tendo feito passar a resolução em favor da assembleia nacional, os scheidemannistas não se importaram em encerrar o Congresso, que já não lhes representava nenhum interesse. E, apenas para não "cutucar a onça com vara curta", concordaram em ouvir o inofensivo relatório "científico" do senhor Hilferding sobre o tema da "socialização". Que o próprio relatório e o próprio debate não foram realizados a sério, mas para fazer desviar os olhares, prova, por exemplo, o fato exposto por um dos oradores, a saber, que esse ponto da ordem do dia foi "discutido" pelo vazio escancarado no salão.

A falação de Hilferding sobre quais ramos da economia estão maduros e quais não estão maduros para a socialização e seus vulgares discursos fariseus sobre o autossacrifício que exige da classe trabalhadora não despertaram nenhuma preocupação entre os dirigentes do Congresso. Agradara-lhes o "idealismo" de Hilferding, e, a seu modo, comentaram: "Se a socialização é feita, então não há por que organizar greves".

Foi justamente no relatório de Hilferding que se expressaram as maiores vulgaridades sobre o tema "do espírito científico marxista", sobre a realização sensata da socialização, sobre o fato de que "o socialismo precisa percorrer uma longa ascensão da revolução política, representado na completamente aleatória [!] situação política". Foi justamente dentre as intervenções sobre o relatório de Hilferding que surgiu um bendito tolo tratando da socialização como o principal e mais urgente problema... Do palco, convidou o Congresso a "aprender a rir", pois "o significado mais alto e mais profundo de nossa existência é experimentar as maiores alegria e diversão".

Toda essa farsa foi interpretada às vésperas dos eventos de janeiro, que já lançavam sua sombra adiante. O Congresso era apenas uma cortina, atrás da qual se preparava o esmagamento armado da revolução proletária, o assassinato de seus dirigentes. Talvez a luz mais iluminadora de toda a situação tenha sido jogada pelo documento que, ao fim, o presidente considerou necessário tornar público. Trata-se de um telegrama de alguma guarnição provincial, em que os representantes dos soldados manipulados exigem "medidas decisivas imediatas contra Liebknecht e seus camaradas". Esse telegrama oferece um acorde final mais verdadeiro que o solene discurso fariseu do presidente Leinert, o qual, muito provavelmente, chegou à transcrição como fruto dos subsequentes esforços editoriais.

Índice onomástico

Aquino, Tomás de (1225-1274): teólogo e filósofo católico. p. 27.

Aválov, Pável Rafálovich Bermondt (1877-1974): militar russo do Exército Branco. p. 108.

Baden, Max von (1867-1929): príncipe e líder militar alemão. Foi chanceler do Reich Alemão (1918). p. 95, 97.

Baldwin, Stanley (1867-1947): foi primeiro-ministro do Reino Unido por três mandatos (1923-1924, 1924-1929, 1935-1937). p. 26.

Barth, Emil (1879-1941): político alemão; membro do Partido Social Democrata Independente da Alemanha (USPD). p. 98, 110-1.

Benni, Antonio Stefano (1880-1945): fascista italiano, presidente da Confederação Geral da Indústria Italiana (1923-1934). p. 49.

Bernstein, Eduard (1850-1932): político e teórico político alemão. Membro do Partido Social-Democrata da Alemanha (SPD). p. 96.

Bismarck, Otto von (1815-1898): unificou a Alemanha. Foi primeiro-ministro do Reino da Prússia (1862-1890) e chanceler da Alemanha (1871-1890). p. 74.

Bonaparte, Napoleão (Napoleão I) (1769-1821): imperador francês (1804-1814, 1815). p. 74.

Brass, Otto (1875-1950): político comunista alemão; membro fundador do Partido Comunista da Alemanha (KPD). p. 105, 109.

Braun, Otto (1900-1974): escritor e professor comunista alemão. p. 65.

Brüning, Heinrich (1885-1970): chanceler alemão (1930-1932) durante a República de Weimar. p. 65.

Brussílov, Aleksei Alekseevich (1853-1926): general de cavalaria russo. Após a Primeira Guerra Mundial, juntou-se ao Exército Vermelho. p. 32.

BUKHÁRIN, NIKOLAI (1888-1938): revolucionário russo e teórico marxista. p. 83.

CHURCHILL, WINSTON (1874-1965): primeiro-ministro britânico por dois mandatos (1940-1945 e 1951-1955). p. 55.

CLAUSEWITZ, CARL VON (1780-1831): general e pensador prussiano. p. 74.

COHEN, MAX (1876-1963): jornalista e político alemão; membro do SPD. p. 104, 111, 113-5.

COOLIDGE, CALVIN (1872-1933): presidente dos Estados Unidos pelo Partido Republicano (1923-1929). p. 26.

CORRADINI, ENRICO (1865-1931): romancista, jornalista e político italiano; vinculado ao irredentismo e ao fascismo. p. 29.

CUNOW, HEINRICH (1862-1936): professor e político; membro do USPD. p. 79.

D'ANNUNZIO, GABRIELE (1863-1938): poeta, dramaturgo e político italiano. p. 14, 30, 40.

DÄUMIG, ERNST (1868-1922): jornalista e político alemão; membro do USPD e, depois, do KPD. p. 97, 108, 112-3.

DAVID, EDUARD (1863-1930): político alemão, membro do SPD. p. 97.

DE MAISTRE, JOSEPH-MARIE (1753-1821): escritor francês, monarquista, ideólogo da reação aristocrática e clerical, inimigo ferrenho da Revolução Francesa. p. 27-8.

DELL, ROBERT EDWARD (1865-1940): jornalista britânico e militante socialista. Atuou como correspondente em Paris, Genebra e Nova York. p. 52.

DEPRETIS, AGOSTINO (1813-1887): primeiro-ministro da Itália por três mandatos (1876--1878, 1878-1879, 1881-1887). p. 44.

DITTMANN, WILHELM (1874-1954): político alemão; dirigente do USPD. p. 96, 98, 107-9.

DORRENBACH, HEINRICH (1888-1919): oficial alemão, revolucionário socialista e um dos organizadores da Divisão da Marinha do Povo. p. 101, 103.

DUGUIT, LÉON (1859-1928): jurista francês especializado em direito público. p. 27.

EBERT, FRIEDRICH (1871-1925): chanceler do Império Alemão (1918-1919) e presidente da Alemanha (1919 - 1925); dirigente do SPD. p. 21-2, 30, 90-1, 94-5, 97-9, 101, 108-13.

EICHHORN, ROBERT EMIL (1863-1925): chefe da polícia de Berlim em 1918-1919. Membro do SPD e, depois, do USPD. p. 104.

EISNER, KURT (1867-1919): jornalista e político alemão republicano; membro do SPD e, depois, do USPD. Foi primeiro-ministro da Baviera (1918-1919). p. 106.

ENGELS, FRIEDRICH (1820-1895): filósofo e político alemão; cofundador do marxismo. p. 71, 91.

FARINACCI, ROBERTO (1892-1945): político italiano. Membro do Partido Nacional Fascista (PNF), ocupou cargos de destaque no governo. p. 45-7.

FEDERZONI, LUIGI (1878-1967): político italiano que aderiu ao fascismo. p. 46-7.

FERRERO, GUGLIELMO (1871-1942): historiador italiano. p. 36.

FILIPPELLI, FILIPPO (1890-1961): político fascista italiano. Foi acusado de participação no assassinato de Matteotti. p. 46.

FINZI, ALDO (1891-1944): político fascista italiano. Foi acusado de participação no assassinato de Matteotti. p. 46.

FREYER, HANS (1887-1969): filósofo e professor universitário alemão. p. 69.

GARIBALDI, GIUSEPPE (1807-1882): general, herói da unificação italiana. Participou de conflitos na Europa e na América do Sul. p. 29.

GARIBALDI, GIUSEPPE PEPPINO (1879-1950): general italiano. Neto de Giuseppe Garibaldi e opositor ao fascismo de Mussolini. p. 40.

GENTILE, GIOVANNI (1875-1944): teórico do fascismo, foi ministro de Mussolini. p. 28.

GIBSON, VIOLET (1876-1956): anglo-irlandesa que tentou assassinar Benito Mussolini em 1926. p. 28.

GROENER, WILHELM (1867-1939): general e político alemão. p. 91, 109.

GUILHERME I (1797-1888): príncipe da Prússia; rei da Prússia a partir de 1861; imperador alemão a partir de 1871. p. 73.

GUILHERME II (1859-1941): último imperador alemão e rei da Prússia de 1888 até sua abdicação no fim da Primeira Guerra Mundial. p. 93-5, 97, 104.

GÚRVITCH, GUEÓRGUI (GEORGES GURVITCH) (1894-1965): sociólogo e jurista russo radicado na França. p. 65.

HAASE, HUGO (1863-1919): político alemão, membro do SPD e, depois, do USPD. p. 96, 98-9, 102-3, 108, 111-3.

HALLER, KARL LUDWIG VON (1768-1854): jurista suíço. p. 28.

HECKERT, FRITZ (1884-1936): político alemão, cofundador da Liga Espártaco e do KPD e membro da Comintern. Foi ministro da Economia da Saxônia em 1923. p. 100, 102, 105, 109, 115-6.

HEGEL, GEORG WILHELM FRIEDRICH (1770-1831): filósofo alemão, expoente do idealismo alemão. Sua obra é uma das influências principais de Marx e Engels. p. 26.

HENDERSON, ARTHUR (1863-1935): político trabalhista britânico. Ganhador do Nobel da Paz. p. 55.

HILFERDING, RUDOLF (1877-1941): economista austríaco. Membro do SPD, foi ministro da Fazenda da Alemanha em 1923 e em 1928-1929. p. 97, 117.

HINDENBURG, PAUL VON (1847-1934): general alemão. Como Presidente da República (1925-1934), nomeou Adolf Hitler chanceler da Alemanha. p. 91, 103, 109.

HITLER, ADOLF (1889-1945): político alemão, líder do partido nazista, foi chanceler e *Führer* da Alemanha. p. 32, 60, 68, 73, 77, 85-7.

HÖHN, REINHARD (1904-2000): jurista alemão, historiador e membro do partido nazista. p. 75-80, 82, 85.

KAHMANN, GOTTFRIED HERMANN (1881-1943): político alemão; membro do SPD. p. 99.

KAUTSKY, KARL (1854-1938): político e importante ideólogo social-democrata; integrou o SPD e, depois, o USPD. p. 92, 96-7, 105, 108, 112, 114.

KELSEN, HANS (1881-1973): jurista e filósofo austríaco; expoente do positivismo jurídico. p. 51, 80.

KIÉRENSKI, ALEKSANDR (1881-1970): primeiro-ministro do Governo Provisório Russo em 1917. p. 106-7.

KLÍMOV, M. (?-?): jurista e político soviético. p. 63-4, 107.

LANDSBERG, OTTO (1869-1957): jurista, político e diplomata alemão. Foi ministro da Justiça da Alemanha no governo de Philipp Scheidemann. p. 98, 109.

LASSALLE, FERDINAND (1825-1864): político socialista alemão. p. 79.

LEDEBOUR, GEORG (1850-1947): jornalista e político socialista alemão. Foi um dos líderes do USPD. p. 95, 97, 110-1.

LEGIEN, CARL (1861-1920): político alemão, líder sindical e membro do SPD. p. 97.

LEINERT, ROBERT (1873-1940): político alemão, membro do SPD. p. 101.

LÊNIN, VLADIMIR ILYCH (VLADIMIR ILYICH UILIANOV) (1870-1924): líder revolucionário e político soviético. p. 64, 66, 92-3, 97, 113.

LENZ, FRIEDRICH (1885-1968): economista alemão e cofundador do "Grupo de Trabalho para o Estudo da Economia Planejada da Rússia Soviética" (Arplan). p. 86.

LIEBKNECHT, KARL (1871-1919): político e dirigente socialista alemão. Um dos fundadores da Liga Espártaco. p. 89.

LLOYD GEORGE, DAVID (1863-1945): primeiro-Ministro do Reino Unido (1916-1922). p. 27, 55, 113.

LÜDEMANN, HERMANN (1880-1959): político alemão, membro do SPD. p. 99.

LUDENDORFF, ERICH (1865-1937): político e general do exército imperial alemão. p. 94.

LUXEMBURGO, ROSA (1871-1919): intelectual marxista e dirigente socialista de origem polonesa que obteve cidadania alemã. Cofundadora da Liga Espártaco. p. 100.

MANNHARDT, JOHANN WILHELM (1883-1969): intelectual e militante comunista alemão. p. 30, 37, 44.

MANUILSKI, DMÍTRI (1883-1959): judeu de origem ucraniana e militante bolchevique. p. 65.

MARX, KARL (1818-1883): pensador e político alemão. p. 71, 78-9, 114.

MATTEOTTI, GIACOMO (1885-1924): político socialista italiano. Em 10 de junho de 1924 foi assassinado por fascistas em Roma. p. 34, 45, 46, 59.

MATUSCHKA, HANS JOSEF OTTO GRAF VON (1885-1968): cônsul alemão, advogado e oficial da reserva. p. 110.

MAZZINI, GIUSEPPE (1805-1872): político, jornalista e revolucionário da unificação italiana. p. 29.

MERRHEIM, ALPHONSE (1871-1925): líder sindical francês. p. 38.

MICHELS, ROBERT (1876-1936): sociólogo alemão radicado na Itália que aderiu ao fascismo. p. 32-3, 51.

MÜLLER, RICHARD (1880-1943): sindicalista e militante socialista. Participou da Revolução Alemã de 1918-1919. p. 96-7, 104-7, 109.

MUSSOLINI, BENITO (1883-1945): foi primeiro-ministro da Itália em 1922 e, em 1925, começou a utilizar o título *Il Duce*. Estabeleceu um regime ditatorial de cunho fascista. Permaneceu no poder até 1943. p. 51-2, 54, 57-60, 65, 79, 81-2.

NIEKISCH, ERNST (1889-1967): escritor e político alemão. Foi membro do SPD. p. 106.

NITTI, FRANCESCO SAVERIO (1868-1953): primeiro-ministro da Itália (1919-1920). p. 26, 30, 36, 41, 51.

NOSKE, GUSTAV (1868-1946): ministro da Defesa da República de Weimar (1919-1920), reprimiu violentamente o levante espartaquista. p. 60, 79, 90-1, 96-7, 100, 104, 108, 112-3, 115.

OSTROGÓRSKI, MOISEI (1854-1921): político e pensador russo. p. 27.

PANNEKOEK, ANTON (1873-1960): astrônomo, filósofo, militante e teórico marxista holandês. Opunha-se à social-democracia e ao bolchevismo. p. 105.

PARETO, VILFREDO (1848-1923): cientista político, sociólogo e economista italiano. p. 28.

PIECK, WILHELM (1876-1960): político alemão; membro do SPD, da Liga Espártaco, e cofundador do KPD. Foi presidente República Democrática Alemã (RDA) (1949--1960). p. 103.

POINCARÉ, RAYMOND (1860-1934): político francês. Foi Presidente (1913-1920) e primeiro-ministro da França (1912-1913, 1922-1924, 1926-1929). p. 26.

RHEINBABEN, ROCHUS VON (1893-1937): diplomata, político e escritor alemão. p. 110.

ROCCO, ALFREDO (1875-1935): político e acadêmico italiano. Foi ministro da Justiça (1925-1932) no governo Mussolini e atuou na elaboração do Código Penal e do Código de Processo Penal. p. 46.

Rosenberg, Frederic-Hans von (1874-1937): diplomata e político alemão. Foi ministro das Relações Exteriores (1922-1923) da República de Weimar. p. 40.

Scharnhorst, Gerhard von (1755-1813): chefe do Estado-Maior e general prussiano. p. 74.

Schauff, Johannes (1902-1990): político alemão do Partido do Centro Católico. p. 116.

Scheidemann, Philipp (1865-1939): político alemão, membro do SPD. Foi chanceler da República de Weimar (1919). p. 30, 60, 91, 93, 95-9, 101, 103, 105-7, 111-3, 115.

Schmitt, Carl (1888-1985): jurista e pensador alemão de grande destaque teórico, teve proximidade com o partido nazista. p. 77.

Severing, Carl Wilhelm (1875-1952): político social-democrata alemão. p. 78, 99.

Smend, Rudolf (1882-1975): jurista alemão especializado em direito constitucional. p. 80.

Solf, Wilhelm Heinrich (1862-1936): jurista e diplomata alemão. Foi ministro das Relações Exteriores em 1918. p. 104 e 107.

Sombart, Werner (1863-1941): sociólogo e economista alemão. p. 74.

Sorel, Georges (1847-1922): engenheiro francês e teórico do sindicalismo. p. 81.

Stalin, Josef (1878-1953): político e chefe de Estado russo. p. 67, 89-90.

Stumme, Georg (1886-1942): general do exército alemão. p. 110.

Südekum, Albert Oskar Wilhelm (1871-1944): jornalista e político alemão; filiado ao SPD. p. 93.

Tönnies, Ferdinand (1855-1936): sociólogo alemão. p. 69-70.

Villari, Luigi (1876-1959): historiador e diplomata italiano. p. 35, 41.

Walz, Gustav Adolf (1897-1948): jurista alemão ligado ao nazismo. p. 70-3.

Wilson, Thomas Woodrow (1856-1924): presidente dos Estados Unidos (1913-1921). p. 27, 30.

Wolff-Metternich, Hermann (1887-1956): descendente de condes alemães, militar e contrarrevolucionário. p. 110.

Zinóviev, Evséievítch (1883-1936): revolucionário bolchevique e político soviético. Teve divergências políticas com Lênin e com Stálin. p. 114.

Sobre o autor

Evguiéni B. Pachukanis (1891-1937) é considerado o mais importante teórico marxista do direito. Nasceu na cidade de Staritsa, na província de Tver, Rússia. Mudou-se para São Petersburgo em 1906, onde, aos 15 anos, começou a militar no movimento estudantil secundarista e na juventude operária, passando a integrar o Partido Social-Democrata Russo. Em 1909 ingressou na Faculdade de Direito da Universidade de São Petersburgo e sua atividade política revolucionária logo chamou a atenção do governo. No ano seguinte, foi preso e exilou-se em Munique, na Alemanha, onde frequentou o curso de direito da Ludwig-Maximilians--Universität, preparando ali uma tese de especialização sobre direito do trabalho, sem que se possa ter certeza se a defendeu ou não.

Quando a Primeira Guerra Mundial eclodiu, Pachukanis já havia conseguido retornar a São Petersburgo, tendo se mudado para Moscou antes da Revolução de 1917, na qual tomou parte. No interior desse processo atuou como "juiz popular" no Comitê Militar Revolucionário, órgão responsável por preparar e pôr em marcha a insurreição armada contra o regime tsarista.

Com a estabilização do regime bolchevique, passou a integrar as fileiras do Partido Comunista da URSS em 1918, mesmo ano em que se tornou membro da Academia Socialista – denominada Academia Comunista após 1924 –, instituição com relevante impacto nas pesquisas em ciências sociais e direito do novo governo. Posteriormente foi incorporado à seção de Teoria do Estado e do Direito da Academia Comunista, liderada à época por Piotr Stutchka, ajudando a consolidá--la como o grande polo de crítica marxista do direito no país.

Nessa época, estabeleceu importante diálogo com os principais nomes do pensamento jurídico soviético, atuando como editor e colaborador em diversas coletâneas e revistas. Esse fértil debate culminou com a publicação de *Teoria geral do direito e marxismo**, em 1924, cujo impacto se fez notar rapidamente, tanto

---

* Evguiéni B. Pachukanis, *Teoria geral do direito e marxismo* (trad. Paula Vaz de Almeida, São Paulo, Boitempo, 2017).

na URSS quanto no exterior. O livro foi adotado como manual em cursos de direito de todo o país. Com isso, o autor passou a liderar a escola teórica que ficou conhecida como "commodity exchange school of law" (Beirne e Sharlet), sendo convidado para conferências nos Estados Unidos e em diversos países da Europa.

No rescaldo desse impacto mundial, é eleito para a direção da União Internacional dos Juristas Progressistas, entidade que defendia presos políticos nos países ocidentais. Nessa posição, denunciou intensamente a ascensão do fascismo em eventos internacionais.

Entretanto, quando a direção estalinista se assenta, vê-se em embate frontal com as novas orientações do regime e sua doutrina do socialismo jurídico. Diante de ameaças, procura ajustar-se aos novos quadrantes ideológicos sustentados por Andrei Vychinski, novo prócere da elaboração teórica sobre o direito. Em 1930 realiza a primeira das muitas "autocríticas" que desfiguraram completamente a sua obra.

Mesmo nesse contexto, não abandonou a luta de classes, tendo se destacado na luta interna por posições estratégicas a seus aliados no aparato universitário e de pesquisa do país. Atuou ainda na comissão de redação da Constituição Soviética de 1936 e no projeto de Código de Penal da Rússia. Este último trabalho é o provável estopim para a sua prisão em 4 de janeiro de 1937. Versões divergentes narram a sua execução imediata, ou após vários meses. Seus livros foram proibidos e seus partidários, vítimas de repressão e silenciados. Na década de 1950 foi oficialmente reabilitado pelo regime, mas sua principal obra só foi reeditada no país em 1982.

OUTROS LANÇAMENTOS DA BOITEMPO

Como a Europa subdesenvolveu a África
WALTER RODNEY
Tradução de Heci Regina Candiani
Apresentação de Angela Davis
Orelha de Matheus Gato

Crítica do fascismo
ALYSSON LEANDRO MASCARO
Orelha de Alessandra Devulsky
Quarta capa de Beatriz Rajland

Da Erótica: muito além do obsceno
MANUEL MARIA DE BARBOSA DU BOCAGE
Organização e apresentação de José Paulo Netto
Prefácio de Francisco Louçã
Orelha de Cristhiano Aguiar

Descolonizar: abrindo a história do presente
BOAVENTURA DE SOUSA SANTOS
Tradução de Luis Reyes Gil
Coedição: Autêntica e Boitempo

Repensar Marx e os marxismos
MARCELLO MUSTO
Tradução de Diego Silveira e outros
Orelha de Michael Löwy

O sentido da liberdade e outros diálogos difíceis
ANGELA DAVIS
Tradução de Heci Regina Candiani
Apresentação de Robin D. G. Kelley
Orelha de Zélia Amador de Deus
Quarta capa de Zurema Werneck e Erika Hilton

ARSENAL LÊNIN

Conselho editorial: Antonio Carlos Mazzeo, Antonio Rago, Augusto Buonicore, Ivana Jinkings, Marcos Del Roio, Marly Vianna, Milton Pinheiro e Slavoj Žižek

Imperialismo, estágio superior do capitalismo
VLADÍMIR ILITCH LÊNIN
Tradução de Edições Avante! e Paula V. Almeida
Prefácio de Marcelo Pereira Fernandes
Orelha de Edmilson Costa
Quarta capa de György Lukács, István Mészáros e João Quartim de Moraes

ESCRITOS GRAMSCIANOS

Conselho editorial: Alvaro Bianchi, Daniela Mussi, Gianni Fresu, Guido Liguori, Marcos del Roio e Virgínia Fontes

Os líderes e as massas
escritos de 1921 a 1926
ANTONIO GRAMSCI
Seleção e apresentação de Gianni Fresu
Tradução de Carlos Nelson Coutinho e Rita Coitinho
Leitura crítica de Marcos del Roio
Orelha e notas de rodapé de Luciana Aliaga

MARX-ENGELS

Capítulo VI (inédito)
KARL MARX
Organização e apresentação de Ricardo Antunes e Murillo van der Laan
Tradução de Ronaldo Vielmi Fortes
Orelha de Leda Paulani

MUNDO DO TRABALHO

Coordenação de Ricardo Antunes
Conselho editorial: Graça Druck, Luci Praun, Marco Aurélio Santana, Murillo van der Laan, Ricardo Festi, Ruy Braga

O cuidado
HELENA HIRATA
Tradução de Monica Stahel
Prefácio à edição francesa de Evelyn Nakano Glenn
Posfácio de Danièle Kergoat
Quarta capa de Bárbara Castro e Mariana Shinohara Roncato
Orelha de Liliana Segnini

Publicado cem anos após o surgimento do fascismo na Itália e da luta internacional antifascista, este livro foi composto em Adobe Garamond Pro, corpo 11/13,2, e impresso em papel Pólen Natural 80 g/m² pela gráfica Rettec, para a Boitempo, em abril de 2023, com tiragem de 3 mil exemplares.